Thubten Ngodup

con la colaboración de
Françoise Bottereau-Gardey y Laurent Deshayes

NECHUNG, EL ORÁCULO DEL DALAI LAMA

Traducción del francés de Vicente Merlo

editorial **K**airós

Título original: Nechung, l'oracle du Dalaï-Lama

© Presses de la Renaissance, Paris, 2009
© de la edición en castellano:
2010 by Editorial Kairós, S.A.

Editorial Kairós S.A.
Numancia 117-121, 08029 Barcelona, España
www.editorialkairos.com

Nirvana Libros S.A. de C.V.
3ª Cerrada de Minas 501-8, CP 01280 México, D.F.
www.nirvanalibros.com.mx

© de la traducción del francés: Vicente Merlo
Revisión: Carol Isern

Primera edición: Abril 2010
ISBN: 978-84-7245-749-2
Depósito legal: B-11.405/2010

Fotocomposición: Beluga & Mleka, Córcega, 267. 08008 Barcelona
Tipografía: Times, cuerpo 11, interlineado 12,8
Impresión y encuadernación: Romanyà-Valls. Verdaguer, 1. 08786 Capellades

SUMARIO

El nuevo monasterio 83
Formación y vida cotidiana 86
La muerte de mi padre 92
Nechung Rinpoché 97
Monje y artista 106
1984, Un año sombrío 109

4. Oráculo del Estado y del Dalai Lama 112
Signos premonitorios 112
El 31 de marzo de 1987 126
Los oráculos y el budismo 138
Mis predecesores 144
Ser *kuten* *169*
El trance 173
Descubrir el mundo 184
Actualmente en la India 214
Actividades artísticas 227
Un sueño que se hace realidad:
    Déyang Dratsang 234
El futuro de nuestro mundo 241

Agradecimientos 245

PREFACIO

 Conozco al venerable Thubten Ngodup desde su infancia. En 1966 me fui del campo de Changlang Kunsang Ling en la región de Assam para ir a Dharamsala, pues fui nombrado representante de la escuela Nyingma en el Departamento de Asuntos Religiosos.

Un año más tarde, el Gobierno tibetano en el exilio compraba una parcela de tierra en Gangchen Kyishong. El Secretariado Central tibetano y algunos monasterios como los de Gadong, Nechung y otros se han trasladado allí. El venerable Thubten Ngodup y sus padres llegaron en esa época desde Bhután.

En el Tíbet ha tenido lugar una conmoción inimaginable debido a nuestro propio pasado kármico y a otras varias causas y condiciones. Al dejar nuestra patria, llegamos a un país en el que todo era nuevo para nosotros. Fue Su Santidad el Dalai Lama quien tuvo la iniciativa de reconstituir el Gobierno tibetano en el exilio y construir campos para poder hallar medios de subsistencia, así como de edificar escuelas que ofreciesen una educación moderna a nuestros niños y monasterios que pudieran transmitir la herencia cultural y una educación religiosa a los monjes y las monjas. Poco a poco, los tibetanos han podido reconstruirse en el exilio. El venerable Thubten Ngodup y sus padres también pudieron rehacer su vida en el exilio con la gracia de Su Santidad.

En esta época, el venerable Thubten Ngodup se llamaba "pequeño Kalsang". Parecía ser bastante travieso. Pero era también perspicaz e inteligente. Sus padres eran discípulos de la escuela Sakya del budismo tibetano y pertenecía a una familia procedente de un linaje ininterrumpido de practicantes tántricos. Entró en el monasterio de Gadong, pero más tarde se inscribió en el de Nechung. Comenzó sus estudios para aprender a leer y a escribir y progresó rápidamente.

Con el tiempo, mostró que tenía muchas cualidades extraordinarias. Tenía una bondad y una compasión innatas. Era muy humilde y respetuoso con sus mayores. Resultaba muy fácil llevarse bien con él. Debido a su temperamento amable, hizo muchos amigos. Era obediente con sus padres, con los lamas y con sus profesores. Respetaba a sus compañeros de clase y a los monjes. Era también extraordinariamente diestro en actividades artísticas y construía hermosas esculturas de mantequilla. Estaba muy atento a las complejidades del funcionamiento de los diferentes rituales y de los textos. Parecía claro que no era una persona ordinaria. Una razón evidente es que se ha convertido en un medio fiable del oráculo de Nechung, el oráculo del Estado del Tíbet. Los monjes del monasterio de Nechung que le conocen desde su infancia pueden dar testimonio también de su buen carácter. Con el fin de restaurar el colegio de Drepung Deyang, sede de Chogpa Jangchub Palden, ha logrado construir el nuevo colegio de Deyang con todas las estatuas y objetos rituales. El simple hecho de estar en condiciones de alcanzar estos resultados sin obstáculo alguno basta para mostrar que es un individuo sublime que ha venido a este mundo de manera intencionada.

El libro, que hace el retrato del venerable Thubten Ngodup, el médium del oráculo del Estado del Tíbet y de Su Santidad el Dalai Lama, Nechung Chökyong, espero que ofrezca un vislumbre de la antigua tradición del sistema de oráculos del Tíbet. Su dimensión espiritual no puede comprenderse más que a través de la correcta comprensión del budismo tántrico Vajrayana. Esto puede resultar de interés también para la investigación científica. Pero para eso, la ciencia tiene primeramente que establecer la existencia del espíritu.

Garje Khamtrul Jamyang Dhondup,
Día 27 del segundo mes del año 2134
del calendario tibetano, es decir,
3 de abril del 2008 del calendario occidental.

PRÓLOGO:
UNA INFANCIA TIBETANA

Monje sencillo del que emana una profunda amabilidad, Thubten Ngodup, el gran médium de Nechung, oráculo del Estado del Tíbet y del Dalai Lama, hace que nos sumerjamos en ese Tíbet misterioso del que dio testimonio la aventurera francesa Alexandra David-Néel. Cuando, después de un largo ritual, en medio de oropeles e intensas fragancias de incienso, emerge el oráculo en trance, ya no es el hombre, sino el dios Dorjé Dragden quien habla. Es el Tíbet de los místicos y los magos el que aparece, en toda su potencia, hundiendo sus raíces en ese mundo sin edad en el que los dioses y los hombres cohabitan, se temen mutuamente y rivalizan.

El oráculo entra en escena, con sus trajes de brocado dando vueltas en su danza divina, con las sederías de su peinado tan pesado, con la cara hinchada, retorciéndose con terribles muecas, la respiración jadeante, gesticulando abundantemente, produciendo sonidos incomprensibles para el no iniciado. Su cuerpo parece no ser suficientemente grande para expresar la potencia soberana del protector de los Dalai Lamas y del País de las Nieves. Su espada hiende el aire como si atravesase a enemigos invisibles y cada uno de sus pasos parece derribar a oscuros demonios...

El *kuten*, como llaman habitualmente al médium de Nechung, es incontestablemente uno de los personajes más asombrosos de la cultura religiosa tibetana. Nacido en el fuego y la sangre de un Tíbet doblegado bajo la bota china, hasta ser aplastado por ella, Thubten Ngodup ha dejado detrás de él el drama de un país en el que su infancia se ha perdido para siempre. Fue durante su exilio en la India fue donde todo cambió para él: el niño de la modesta ciudad de Phari, al sur del Tíbet, se ha convertido, a pesar de sí mismo y al final de un proceso extraordinario, como guiado por una benefactora mano invisible, en uno de los personajes más respetados por todos los tibetanos. Todo comenzó en el dolor, la miseria y la violencia, y Thubten Ngodup continúa con la mayor sencillez su recorrido fuera de lo común en la sede del Gobierno tibetano en el exilio, en Dharamsala (Himachal Pradesh), en los contrafuertes del Himalaya indio.

Aquí tenemos el relato de esta vida, magnífica por todo lo que suscita lo que Thubten Ngodup ha aceptado confiarme a lo largo de años de encuentros e intercambios amistosos. Soporte humano de un dios terrible cuando está en trance, el oráculo de los Dalai Lamas es un hombre sencillo, sin ninguna pretensión, que sabe que es el poderoso dios Dorjé Dragden quien lo ha elegido para ayudar al Dalai Lama, jefe supremo del Tíbet, en su pesada tarea. Es un hombre ordinario para una función extraordinaria.

Françoise Bottereau-Gardey

PREÁMBULO

En marzo del 2004, Michel y Françoise Gardey han venido a Dharamsala a realizar un documento sobre Télo Tséchu. Lograron obtener el consentimiento de las autoridades del Gobierno tibetano en el exilio para filmar el elaborado trance de Nechung Chökyong junto a otros oráculos ante Su Santidad el Dalai lama en el templo principal. Después de ello, Françoise Bottereau-Gardey me propuso escribir un libro ilustrado y con fotos sobre mi vida y mi existencia como médium (*kuten* en tibetano) del oráculo de Nechung Chökyong.

Los tibetanos no tienen costumbre de contar su vida y, mucho menos, de hablar de sus experiencias espirituales personales. Yo soy un simple monje común. No voy a decir cosas "extraordinarias". Pero, como consecuencia de las acciones kármicas de mis vidas anteriores, Nechung Chökyong, el oráculo del Estado del Tíbet, se me apareció. Fui bendecido con muchas experiencias espirituales maravillosas, que no sirven más que para mi beneficio personal.

Desde que soy el médium de Nechung Chökyong, muchas personas me han entrevistado, sobre todo personas interesadas en el budismo o periodistas. Al comienzo, yo era reticente. Pero Su Santidad el Dalai Lama animó a varios científicos occidentales a investigar el sistema de los oráculos tibetanos. Y muchos amigos que trabajan en el Gobierno tibetano en el exilio me han impulsado a contar mi vida. Algunos me han dicho que, en estos tiempos difíciles para el pueblo tibetano, incluso una palabra que pueda ayudar la causa tibetana será bienvenida. Así pues, he narrado la historia de mi corta vida con estos tres objetivos:

–Según el deseo de Su Santidad el Dalai Lama, para que los científicos puedan estudiar más en profundidad distintos aspectos de la cultura y de la religión tibetanas;

–Para que quienes tienen un lazo histórico con Nechung Chökyong sepan un poco más de él;

–Nechung Chökyong tiene una larga relación histórica con los pueblos de Mongolia, del Tíbet, de las regiones hi-maláyicas de la India y de una parte de China. Para que quienes tienen fe en Nechung Chökyong puedan ayudar a salvar la cultura y la religión tibetana, que están en peligro de extinción.

No pretendo que mi historia conduzca a una comprensión más profunda de la naturaleza de la historia de Nechung Chökyong. Nechung Chökyong profundizó las relaciones espirituales con el linaje de encarnaciones de Su Santidad el Dalai Lama desde la era pre-búddhica, desde dos mil quinientos años antes de Cristo, y con el Tíbet desde el siglo VIII, hace más de mil trescientos años. Comparado con esto, mi relación actual con Nechung Chökyong no tiene más que algunos años. Su sabiduría, su compasión y sus innumerables maneras de ayudar a los seres vivientes no pueden ser percibidas claramente más que por un ser despierto.

Que todos los seres puedan eliminar la fuente de sus sufrimientos mediante la comprensión de la verdadera naturaleza de su existencia y del desarrollo de una compasión infinita.

1. PHARI, MI CIUDAD NATAL

Me llamo Thubten Ngodup y desde el 31 de marzo de 1987 soy el decimoséptimo médium, el *kuten*, de nuestro dios protector Dorjé Dragden. A través de mí, él se expresa para beneficio de Su Santidad el Dalai Lama y de su pueblo. Así pues, yo no soy más que un ser ordinario.

Nací en el sur del Tíbet, el día 16 del quinto mes del año del Pájaro de Fuego, el año 2.084 de nuestro calendario real, esto es, el 13 de julio de 1957 del calendario occidental.

Nada en mi nacimiento podía hacer suponer la existencia que llevo hoy. Por la fuerza de las acciones y de los deseos de mis vidas pasadas, pude huir del infierno de la ocupación china. Todavía hoy me resulta difícil recordar lo que vi y escuché. Mi infancia es como una herida cuyo dolor vuelve a veces, punzante, nunca realmente calmado, a pesar del amor que me han manifestado mis queridos padres y mis maestros espirituales. Nací en un infierno creado por el ser humano para ser humano, en el que algunos se alegran del sufrimiento de otros. Me entristece la idea de todos aquellos que no han tenido la suerte de poder huir, de todo el mal que se ha hecho. Puede que mi país no fuera perfecto, pero era el mío. Los humanos, los animales y los dioses vivían en armonía hasta la llegada de los comunistas chinos que han destruido todo, separando a las madres de sus hijos, a los padres de sus hijos, a los amigos de sus amigos, destruyendo las montañas, los bosques y los ríos.

Un oasis en las piedras

Nací en Phari, una ciudad grande construida a 4.000 metros de altitud, muy cerca de la frontera con Bhután, en la gran carretera comercial que antaño conducía todos los años a miles de yaks, de mulas, de mulos y de caballos hacia la India o hacia Lhassa, nuestra ciudad santa que albergaba el Potala, el palacio del Dalai Lama. En medio de una inmensa llanura, golpeada por los vientos que curten la piel y cortan la respiración en invierno, Phari parecía un oasis en un universo vacío hecho de piedras y de hierbas cortas y duras.

Sin embargo, durante el verano, las lluvias y el calor hacían florecer la llanura, y que se cubría del rojo de los acónitos y del azul de los miosotas. Yo tenía la costumbre de correr a coger flores y, al volver a casa, ponerlas en recipientes. Antes de mi nacimiento, la vida apacible estaba ritmada por el paso de caravanas que descargaban e intercambiaban pesados fardos de seda, de pieles, de lana…

¿Cómo describir mi ciudad? Ahora sé que los occidentales que la han visitado han dicho muchas veces que era la ciudad más alta del mundo, pero también que no tenía ningún atractivo. Después de haber invadido el Tíbet en 1904, los ingleses abrieron un pasillo comercial, pero no se instalaron en la propia ciudad, sino que prefirieron el «Dak Bungalow» construido a cierta distancia. Es la ciudad de mi infancia y así la considero todavía. Estaba dominada por un *dzong*, un antiguo fuerte de piedras grisáceas construido sobre una minúscula colina, o más bien un ligero montículo de tierra cuya forma había dado nombre a la ciudad: la colina (*ri*) del cerdo (*pha*). El *dzong* era la residencia de un prefecto que, cuando yo era niño, era un *tsédrung*, un administrador religioso nombrado por el Gobierno. El fuerte era el orgullo del lugar, incluso si estaba más bien en ruinas; resultaba impresionante con su edificio central, masivo y casi cuadrado, flanqueado por torres angulosas, con anchos muros prácticamente ciegos. Otras construcciones pegadas a dicho edificio y una muralla con torres y bastiones formaban una especie de defensa impenetrable.

Phari estaba dividida en dos partes principales, la ciudad alta –Phateau– al pie del fuerte, y la ciudad baja –Phamé– que se extendía allá a lo lejos, en la llanura. Estaba formada por cuatro barrios: Sharphoup Khar en la ciudad alta, donde vivía mi familia, Shopa, Nanglo, y un último barrio, Khangkyim, en el que se encontraban sobre todo casas de comerciantes bhutaneses. Nuestro barrio constaba de unas sesenta casas, casi todas habitadas por empleados del monje-prefecto que aquí se le llamaba el *dzongpön*, el "amo del fuerte". Otra diferencia entre los barrios tenía que ver con los materiales de construcción: los más ricos tenían una casa de obra, enladrillada, a menudo con un piso con terraza; los otros, es decir, la gran mayoría, tenían una casa de barro o de adobe. Todas las casas, ricas o pobres, estaban decoradas con banderitas de oración, rojas, azules, amarillas, verdes y blancas. De lejos, Phari parecía un inmenso ramo de flores, cuyo perfume era nuestras oraciones de paz y de felicidad que el viento dispersaba a las cuatro direcciones del mundo.

MONASTERIOS Y PEREGRINOS

Por mucho que retrocedo en mis recuerdos, siempre veo que he querido ser monje. Sin embargo, de niño, prácticamente nunca vi ropas de monje ni de monja. Antes de la llegada de los chinos, había allí una media docena de monasterios en actividad y varios cientos de religiosos. Esos monasterios perte-

necían a diferentes linajes espirituales: Kagyü, Gelug... Dos
de ellos, monasterios kagyü, eran llamados por la población:
Gonpa Gang y Gonpa Og, el monasterio "de arriba" y el monasterio "de abajo". Estaba también el de Samdrup Choling,
que era una rama del colegio tántrico de Gyumé de Lhassa y
el de Richung Potok, que estaba afiliado al de Ganden, sede
del linaje Gelug, cerca de nuestra capital. En la ciudad, había dos templos, Daktok Gang y Nyachen Lhakang, donde
los laicos se reunían para las grandes ceremonias de ofrendas
que tenían lugar todos los días décimo y vigésimo quinto del
mes lunar. Mi padre acudía allí siempre que podía.

La posición geográfica de Phari ha hecho que, desde hace
mucho tiempo, grandes maestros tibetanos e indios la hayan
atravesado y dejado el recuerdo de su paso. Sobre todo, Phari
era el punto de encuentro de miles de peregrinos que, una vez
al año, pasaban por la ciudad antes de llegar a la meta final
de su viaje: el monte Jomolhari, cuyos 7.400 metros de altitud aplastaban toda la llanura. Para nosotros, la «Montaña
de la venerable diosa» es una de las montañas más sagradas del Tíbet, y tiene al oeste el monte Kailash, al norte, el
Amnyé Machen, y al este, el Kawa Karpo. Venían peregrinos
de todas partes, de todas las regiones del Tíbet, de Sikkim o
de Bhután, ambos países vecinos, a pie, a caballo, con mulas o haciendo grandes prosternaciones durante las cuales, al
tiempo que oraban, se echaban completamente en el suelo, se
levantaban, avanzaban la misma medida de su cuerpo, luego volvían a echarse al suelo, con todo su cuerpo extendido.
Eran de todas las edades y de todas las condiciones, y habían
hecho frente al frío y al viento de los senderos escarpados de
la residencia divina para llegar a un lago sagrado. Os hablo
de él, pero nunca lo he visto, aunque de vez en cuando nos
cruzábamos con algunas personas que venían a rendir homenaje a la montaña.

MI FAMILIA

Mi familia era muy modesta; no obstante, cuenta entre sus ancestros con personajes prestigiosos, entre los más conocidos del Tíbet. Aunque éramos pobres, llevábamos siempre con nosotros la certeza de nuestros orígenes sagrados.

Jamyang Kunzang, mi padre

Mi padre se llamaba Jamyang Kunzang, y varios de sus antepasados han marcado profundamente la historia del budismo tibetano. Uno de ellos era Nyang Ral Nyima Ozer (1136-1204). Su historia sería demasiado larga de contar, pues son muchos los acontecimientos extraordinarios que lo rodearon. Era considerado la reencarnación del emperador Trisong Detsen quien, en el siglo VIII, fue uno de los primeros conquistadores del Tíbet. Sobre todo, el emperador permitió la instalación del budismo al invitar a los grandes maestros Padmasambhava, a quien se considera un segundo Buddha, al abad Shantarakshita, que introdujo la vida monástica, o también a Vimalamitra, cuyas enseñanzas espirituales eran de una gran sutilidad. Padmasambhava dejó tras él muchas enseñanzas, algunas de las cuales las ocultó en la mente de sus discípulos o en grutas y templos; estas preciosas instrucciones espirituales, denominadas *termas*, "tesoros", esperan el día en que su descubridor predeterminado, el *tertön*, las saque a la luz. Hizo también muchas profecías, una de las cuales se refería a mi antepasado.

En su infancia, Ngadag Nyang Ral, «el maestro Nyang Ral» como le llamamos nosotros también, recibió muchas enseñanzas, pero, sobre todo, él descubrió algunos de esos tesoros que habían sido escondidos desde la época de

Padmasambhava y se convirtió en el primero de los «cinco soberanos descubridores» del país. Él aportó mucho al Tíbet, especialmente difundiendo la práctica de nuestro protector Avalokiteshvara, que encarna la compasión sin límites y a quien, en tibetano, se llama Chenrézi. Recitar su "palabra", su *mantra*, *Om mani padme hung*, se convirtió en una práctica muy frecuente en toda la alta meseta gracias a este antepasado que explicó a las gentes más sencillas que al recitar el *mani*, sin tener otras prácticas espirituales complejas, podrían renacer en mejores condiciones o liberarse definitivamente del ciclo de existencias por el cual vagamos, perpetuando el sufrimiento de vida de vida.

Por mi padre, estoy vinculado también al linaje espiritual de los Sakyas y, más especialmente, a la rama religiosa Ngor que era la más representada en el Tíbet. El linaje Sakya se constituye en el siglo XII y logró tal prestigio y tal poder que sus jefes dirigieron un tiempo el Tíbet. Entre sus discípulos contaron con emperadores mongoles con los que tejieron lazos muy estrechos, aportándose mutuamente la protección que necesitaban. Una vez los mongoles se convirtieron en dueños de China, en la época del gran Khublai Khan, a finales del siglo XIII, los Sakyapas fueron los consejeros de los nuevos emperadores que, a su vez, les aportaron su patrocinio en el Tíbet.

En las familias del linaje de transmisión espiritual Sakya donde se tenía cierta responsabilidad monástica, era habitual que uno de los hijos se hiciera monje, mientras que otro se hacía cargo de los bienes familiares. Mi abuelo, que se llamaba Nyima Gyelpo, no había tenido más que un hijo, mi padre; a pesar de todo, fue confiado a un tío que era abad en un monasterio del linaje Ngor lejos de nuestra casa, en la gran ciudad de Dergué, en la provincia oriental de Kham. Esta ciudad había sido un polo espiritual importante, patrocinado por la antigua familia real de la región. Mi padre no tenía entonces más que siete años; estuvo allí treinta años, treinta largos años durante los cuales atendió a su tío y aprendió con avidez no solo todos los rituales y los textos religiosos que forman el bagaje clásico de los monjes, sino también medicina, dibujo y costura.

Los estudios tradicionales de medicina tibetana implican adquirir un sólido conocimiento tanto de las energías densas como de las energías sutiles que circulan por el cuerpo, así como mineralogía, botánica, biología, anatomía y astrología. Además, como el cuerpo no se considera disociado de la mente, el médico tiene que poder prescribir tal o cual meditación según el tipo de enfermedad, cuyas causas a veces no pueden ser vencidas más que mediante la acción conjunta de los tratamientos materiales y los tratamientos interiores. Sin llegar a convertirse en médico completamente, mi padre dominaba suficientemente bien la ciencia médica para gozar de una buena notoriedad.

Además de esto, era muy versado en la práctica de los *tantras*, las enseñanzas esotéricas del Buddha que se difundieron ampliamente en el Tíbet. En particular, tenía reputación de ser un fino conocedor de la práctica llamada *Chö*, "el corte". Esta técnica de meditación muy compleja exige una sólida experiencia interior, ya que a menudo se realiza de noche y en los cementerios. Permite erradicar rápidamente toda creencia en la existencia de un "yo" y, a partir de ahí, realizar la naturaleza profunda, amplia, pura y clara de la mente. Los cementerios tibetanos no se parecen en nada a los que se puede ver en Occidente, donde son bellos lugares en los que los cuerpos se colocan cuidadosamente en ataúdes y se introducen en tumbas que se adornan con flores. Los cementerios tibetanos eran, más bien, osarios en los que se cortaba en trozos a los muertos para darlos como pasto a los animales salvajes, sobre todo a los buitres. En Phari era un tal Tobden quien tenía la responsabilidad de trocear los cadáveres. ¡Ni que decir tiene que meditar en nuestro "cementerio" con una mente en calma y concentrada exigía una gran estabilidad mental! Yo no sé si mi padre iba allí a meditar. La situación política no era nada propicia para ello.

La invasión china del Tíbet oriental, en 1949-1950, produjo una inmensa conmoción en todos los campos. Dergué había sido desde siempre una ciudad estratégica. De ahí que los combates fueran encarnizados. Una vez vencidos los tibetanos, la vida religiosa se volvió extremadamente difícil, con mayor razón porque la guerrilla se organizaba por todas partes para luchar contra los invasores. Por eso mi padre decidió partir hacia el centro del Tíbet. Así pues, se trataba de un hombre maduro cuando volvió a Phari. Encontró a mi madre, aunque todavía era monje, y se enamoraron el uno del otro. Renunció a sus votos monásticos y adoptó una vida laica. Ella tenía ya un hijo, Penpa Tashi, pero esto no supuso problema y se instalaron los tres en Phari.

Mi madre, tan modesta

Mi madre –que se llamaba Kyizom– también era una mujer muy simple y modesta. Era originaria de Ngani Tenpa, un pueblecito no lejos de Gyantsé, la gran ciudad que se halla en la carretera de Lhassa. Era descendiente de una mujer extraordinaria que es el personaje central de una ópera conocida por todos los tibetanos, tanto en el Tíbet como en el exilio: Nangsa Obum. Su historia cuenta que una pareja de practicantes buddhistas muy sinceros se cansaba de esperar y no poder tener hijos. Los médicos, las peregrinaciones, la paciencia, nada conseguía que los tuvieran: su esperanza parecía vana. Entonces dirigieron sus oraciones a Tara, la salvadora, quien hacía miles y miles de años había jurado aliviar a todos los seres de sus preocupaciones y sus sufrimientos. Tara escuchó sus llamadas, hechas con un corazón sincero, y el milagro tuvo lugar: nació una pequeña hija. Inmediatamente, sus padres le dieron el nombre de Nangsa Obum, "la que ha sido entregada a la tierra, radiante con cien mil rayos de luz".

Nangsa era encantadora, de una profunda amabilidad y una gran sabiduría. Sus cualidades eran tales que, obviamente, todos los jóvenes de los alrededores la cortejaban. Pero ella no les hacía caso y no pensaba más que en la vida espiritual. Ahora bien, llegó un día, con ocasión de una gran fiesta, en que el hijo del rey se enamoró de ella desde el momento en que la vio. Él se lo confesó, pero ella permaneció indiferente. Sus padres, modestos y mayores ya, no estuvieron de acuerdo con ella. Temiendo que el rey dirigiese su cólera sobre ellos si rechazaba a su hijo, obligaron a Nangsa a casarse. La ceremonia fue fastuosa para todos, pero triste para Nangsa. Poco después de casarse, ella tuvo un hijo.

Desde entonces, su vida fue un verdadero calvario. No solo no podía consagrarse a la meditación y a la oración, sino que además tenía que soportar la violencia de su marido y la envidia de su cuñada. Golpeada en varias ocasiones, maltratada, no perdió su llama interior, reavivada por el encuentro con el gran maestro Rechung que volvía de peregrinar con uno de sus discípulos. Su cuñada, siempre al acecho para molestarla, lanzó la calumnia de que había tenido un comportamiento dudoso con un de los dos yoguis. Nangsa estuvo a punto de morir por los golpes de su marido. Más tarde, el canto de un mendigo la convenció para que se fuese con un famoso maestro, Lama Shakya Gyaltsen. Su marido no pudo soportarlo; la golpeó tanto que ella murió.

Un astrólogo, consultado en relación con el funeral, aconsejó aislar el cuerpo y no tocarlo durante una semana. El espíritu de Nangsa viajó y el Señor de la Muerte, al percibir que
su naturaleza profunda era como la de Tara, y que su razón de
vivir era ayudar a los demás, decidió devolverla a la vida. Su
resurrección dejó estupefacto a todo el mundo; todos le pidieron perdón, sus padres, la familia de su marido, le supli-
caron que volviese a ocupar su lugar entre ellos. Nangsa tenía un buen corazón y era caritativa, de modo que perdonó
sin dificultad a los que la habían maltratado, pero se mantuvo en su intención de abandonar el mundo por la vida religiosa. Solo cuando escuchó que su hijo se lo rogaba aceptó
quedarse.

Una vez pasados los remordimientos de los primeros
momentos, su marido y su familia empezaron a comportar-
se duramente. Aprovechando un viaje a casa de sus padres,
Nangsa decidió ir a ver a Shakya Gyaltsen quien, en un primer momento, se negó incluso a dejarla entrar en su monasterio. Cuando ella expresó su deseo ardiente de recibir enseñanzas religiosas, él comprendió que su motivación era
auténtica y comenzó a instruirla. Durante ese tiempo, la familia del señor se sentía molesta por su partida; muy pronto, reunieron un verdadero ejército para atacar el monasterio
en el que se había refugiado Nangsa. La batalla causó estragos, Lama Shakya Gyaltsen fue hecho prisionero y Nangsa,
al salir de su meditación, se presentó ante el señor para obtener la liberación de su maestro. Sordos a todas sus súpli-
cas, cegados por sus apasionados sentimientos, el señor y su
hijo decidieron ejecutar al lama. En ese momento se produjeron una serie de milagros que demostraron, si es que había
necesidad de ello, la santidad del lama y de Nangsa: el maestro se elevó por los aires, el espíritu de los monjes que habían
muerto fue conducido a las Tierra puras junto a los Buddhas.

Comprendiendo esta vez su error, padre e hijo pidieron perdón y se cuenta que a partir de entonces se comportaron de manera virtuosa mientras que Nangsa, encarnación de Tara, seguía haciendo el bien en la Tierra.

Mi primer nombre, Kalsang Norbu

Así pues, mi madre era descendiente de esta magnífica mujer que pasó una parte de su vida luchando para expresar su fuerte deseo de hacer el bien a los demás. ¡Tener padres cuyos orígenes son sagrados nunca ha hecho de mí alguien especialmente santo! Yo no soy como esos *trulkus*, esas emanaciones de grandes santos o de *bodhisattvas* que, de vida en vida, trabajan sin descanso para aliviar los sufrimientos de los demás.

Mi nacimiento no se vio acompañado de signo especial alguno, ni lluvias de flores ni arcoíris, ¡a no ser que consideremos como tal el que al día siguiente de mi llegada al mundo muriese la vaca que mis padres tenían! Mis padres me llevaron al anciano jefe del monasterio de Richung Potok, quien me dio mi nombre, Kalsang Norbu. Algunas de las personas de la región pensaron que yo podía ser la reencarnación de Zikhym Rinpoché, un maestro del linaje Nyingma –el lama más importante del valle–, fallecido un año antes. Pero nunca se ha sabido si es así, y poco importa… A diferencia de los grandes santos que se acuerdan de sus vidas pasadas, el único recuerdo que tengo es uno que comparto con otros niños de todo el mundo: yo era amable y amistoso con todos los animales.

VIDA DE FAMILIA

Así pues, nací en el momento en el que mi país atravesaba el período más doloroso de su historia. Hasta 1951, el Tíbet era totalmente libre, sus habitantes iban y venían como querían y, si se deseaba, se podía abrazar la vida religiosa. En 1951, la derrota de nuestros ejércitos ante la China comunista y el acuerdo que se firmó a continuación en Chamdo dieron un inmenso poder a los chinos. Los tibetanos de Kham y del Amdo, nuestras dos principales regiones orientales, se rebelaron pronto, pero el Gobierno de Pekín ejerció una presión cada vez mayor sobre los habitantes, lo cual creó un creciente descontento. En Lhassa, Su Santidad el Dalai Lama se vio obligado a transigir ante los representantes de China pero, en marzo de 1959 –yo no tenía todavía dos años–, no vio otra salida más que huir hacia la India para intentar conservar allí la identidad tibetana; a partir de ese momento, el país estaría completamente en manos de los chinos.

Arrancado del amor de mi madre

En ese Tíbet nací. Por tanto, llegué al mundo en un contexto desfavorable para la práctica espiritual, pero también para la vida simple y normal a la que todo niño tiene derecho. Cuando no tenía más que cinco meses, mi madre fue alistada a la fuerza por los chinos para formar parte de los equipos que construirían las carreteras. No venía a casa más que cada seis meses, y esto duró tres años. Durante este tiempo, me cuidó mi abuela, rodeándome de todo su afecto, haciéndolo lo mejor que podía. En 1959, tras la huída de Su Santidad, su marido, mi abuelo, fue encarcelado y cuando volvió a Phari, al cabo de un año de cautividad, estaba tan delgado y tan débil que murió diez días después. De ahora en adelante todas las responsabilidades domésticas, o casi todas, pesarían sobre los hombros de esta mujer. Penpa Tashi, mi hermanastro, que tenía catorce años más que yo, era muy caluroso y amable y ayudaba de buena gana a nuestra abuela. Él me llevaba en su espalda y jugaba conmigo.

Mi padre hacía todo lo que podía, pero yo me acuerdo muy poco de él, ya que se iba a coger plantas a la montaña durante largos períodos con mi hermanastro, dejándome al cuidado de mi abuela. Su reputación de médico le permitía cierta libertad de movimientos. No obstante, cuando volvía a Phari, estaba obligado a asistir a interminables sesiones de "reeducación" durante las cuales los instructores chinos pintaban el Tíbet como un mundo retrógrado basado en valores estúpidos. Ellos habían venido a liberar nuestro país para convertirlo en una especie de paraíso en el que todos serían felices.

Mi padre, su bici y el prefecto

El recuerdo que conservo de mi padre es el de un hombre simpático, al que yo adoraba, con quien pasaba todo el tiempo que podía. Cuando él estaba allí, por la noche me acurrucaba a su lado para dormir. Era un personaje con la piel de un color intenso, muy delgado y pícaro. Así, antes de la invasión china, sus asuntos lo habían llevado un día hasta la India, a Kalimpong. Volvió con una bici. Esta extraña máquina causó sensación en Phari, ya que nadie había visto una antes, ni de cerca ni de lejos. Ni siquiera podían imaginarse que una persona pudiera mantenerse sobre dos ruedas, y el asombro de los habitantes se mezclaba con miedo, ¡pues algunos estaban convencidos de que la luz de su faro podía quemarlos!

Hay que saber que la norma habitual en Phari era bajar del caballo cuando se pasaba cerca del *dzong* en el que vivía el monje-prefecto; de ese modo se le mostraba el respeto debido a su rango. Todos los que se atrevían a desafiar esa regla recibían una paliza. Mi padre, orgullosamente sentado en su bici, no hacía ni caso de esta costumbre, de manera que iba y venía sobre sus dos ruedas, pasando por delante del *dzong*. El monje-prefecto, claro está, fue avisado por sus guardias; montó en cólera porque alguien se atrevía a desafiarle, convocó inmediatamente a mi padre en el *dzong*.

–¿Por qué no bajas de esa máquina cuando pasas por delante del fuerte? ¿Acaso no me respetas –le preguntó, irritado.

Mi padre no se dejaba desmoralizar

–Bueno, su señoría, crea usted, se lo ruego, en mi más profundo respeto. Pero es que… compréndalo, una bici no es un caballo… ¡No obedece, y no se la puede parar así como así! ¡Si pudiera, me pararía, no lo dude!

El prefecto, crédulo, aceptó esta explicación sin decir ni una palabra, y mi padre, contento de la jugada que acababa de hacerle, pudo seguir circulando con su bicicleta como quería. Años más tarde, Thubten Sangyé se exilió y se instaló en Dharamsala para terminar allí sus días. Allí volvió a ver a mi padre; mientras tanto, había comprendido cómo funcionaba una bici y comprendió que se le había burlado. Sin rencor alguno, se puso a reír de buena gana, pues vio hasta qué punto le había tomado el pelo.

Juegos de niños

Aunque la presencia de los chinos nos resultaba muy pesada, nosotros, los niños, encontrábamos de vez en cuando momentos para jugar. Nuestros juegos eran simples, pero nos divertíamos mucho. En verano y a comienzos del otoño, cuando los vientos cálidos subían a la llanura, organizábamos concursos de cometas. La meta era, claro está, hacer subir nuestras cometas lo más alto posible, pero también impedir que las de nuestros amigos subieran por encima de las nuestras. Para esto, nuestra técnica era radical: untábamos los hilos de las cometas con pegamento y los envolvíamos con vidrio machacado. Producían un bonito efecto visual con los rayos del Sol, pero ese no era nuestro objetivo: cortante como una cuchilla de afeitar, el hilo de nuestra cometa cortaba la cuerda que sostenía las de nuestros rivales.

Teníamos también juegos de puntería. El *denkhor* comenzaba con la reunión de piedras planas, luego poníamos un cuerno de yak a cierta distancia y el juego consistía en hacer que cayese con el primer golpe. El *khubi* exigía puntería y destreza. Los jugadores establecían su orden en el juego lanzando una moneda a un agujero. El que lo lograba era el primero, aquél cuya moneda quedaba la más próxima al agujero era el segundo, y así sucesivamente. Entonces, el primer jugador lanzaba las monedas de los otros jugadores y la suya al agujero, y las que caían dentro se las quedaba. Los otros jugadores elegían una de las monedas que había quedado fuera, y tenían que darle con una piedra. En caso de lograrlo, se quedaba todas las monedas. En caso contrario, si tocaba otra moneda, por error, tenía que poner en juego una moneda antes de dejar su turno al siguiente. Ni que decir tiene que había que ser astuto y pensar bien cuándo se lanzaba a una parte del *khubi*.

En invierno, el suelo estaba completamente helado, pero como era irregular, preferíamos jugar en el lago, cerca del *dzong*, que se había transformado en una pista de patinaje. Atábamos una cuerda a una tabla y teníamos un trineo en el que íbamos uno tras otro. Recuperábamos también viejos clavos que poníamos en nuestros *zompas*, las botas tibetanas hechas de fieltro con espesas suelas de cuero. Eran momentos de despreocupación.

Bajo la ley china

La verdad es que no se puede decir que fuese a la escuela. Antes, los monasterios permitían aprender a leer y escribir, pero como habían sido cerrados, fue mi padre quien me enseñó a leer y escribir tibetano durante sus estancias en casa.

La escuela a la moda de Pekín

A los siete años tuve que asistir a una pequeña escuela que los chinos habían abierto. De todos modos no teníamos elección. Este período de mi vida constituye un recuerdo doloroso. La escuela no tenía de escuela más que el nombre, pues no teníamos material escolar y pasábamos mucho tiempo aprendiendo de memoria las palabras del presidente Mao Zedong sobre la gloria del pueblo y la lucha de los oprimidos contra los pudientes; nosotros no entendíamos nada. Nuestros profesores nos repetían incansablemente, durante todo el día, que el budismo no era más que una superstición que había permitido a los poderosos, con Su Santidad el Dalai Lama a la cabeza, mantenernos en la ignorancia. Aprendíamos también los himnos revolucionarios, ¡hasta el punto de que todavía hoy me acuerdo de ellos!

Se lanzó una campaña política: era preciso destruir los "tres animales dañinos", es decir los insectos, las ratas y los pájaros, a los que los chinos responsabilizaban de nuestras escasas cosechas. Así pues, añadieron este capítulo a nuestra presunta formación escolar y pusieron en marcha una especie de concurso: el niño que más había matado recibía bombones como recompensa. Para dar una dimensión política a la masacre que organizaron, se nos decía que los animales se comían las reservas de grano y tenían que compararse con los ricos propietarios que se comían las cosechas duramente extraídas del suelo ingrato por el pueblo. Era necesario, por tanto, suprimirlos, a los unos y a los otros. En nuestra cultura tibetana, el respeto a la vida se extendía a todos, incluidos los animales más pequeños, y para mí, que los adoraba, era un verdadero suplicio. Fui castigado muchas veces por no haber aceptado participar en esta especie de concurso.

La crueldad de nuestros ocupantes no se quedaba ahí. Después de haber eliminado cientos y cientos de animales inocentes, se decretó que los perros tenían que ser exterminados también. La técnica utilizada era de las más bárbaras: hacia falta asestar un bastonazo en el hocico del pobre animal, lo suficientemente fuerte como para matarlo de manera limpia. Los tibetanos habían recibido órdenes de actuar así. Yo hacía como que no me enteraba, y con la complicidad de mis padres, había ocultado algunos cachorros en la casa; desgraciadamente, los chinos se enteraron. Para mí, fue un momento espantoso ver a esos perritos en manos de sus verdugos. Los mataron y mis padres tuvieron que someterse a una sesión de autocrítica pública, acusándose de todos los males de la Tierra. Para mí, esta situación fue atroz: intentábamos mantener un poco de amor y de risas en nuestra casa, y esos cachorros eran una verdadera fuente de alegría. Cuando no se ha visto y vivido, no se puede imaginar el placer que les daba a los chinos romper todo eso.

Además, se volvían locos por la carne de perro, especialmente de nuestros dogos, grandes perros pardos y pelirrojos que guardaban las casas y los rebaños. Ellos los capturaban, los suspendían con un gancho metiéndoles un trozo de madera en el hocico para que permaneciera abierto, y después los hervían en agua. Uno de sus juegos favoritos era meter en una caja una quincena de ratas y privarlas de alimento. El resultado no se hacía esperar mucho tiempo. Las ratas se devoraban entre ellas, de tal manera que al cabo de algunos días no quedaba más que una. Impotente y desdichado, asistí a más de uno de estos espantosos combates. Después de haberse vuelto loca y agresiva, la rata vencedora era liberada; entonces atacaba y mataba a todas las ratas y a todos los ratones que el destino ponía en su camino. Era mucho mas eficaz que un gato. Entre las masacres de perros, de pájaros, de insectos, de ratas y de ratones, ni que decir tiene que pronto no quedó ni un animal vivo en Phari ni en los alrededores.

Después de los animales, los seres humanos

Siendo niño, la suerte de los animales me afectaba, pero si ellos han sufrido por la presencia china, ni que decir tiene que los primeros en sufrir fueron los hombres, sobre todo entre 1961 y 1965, cuando se impusieron las reformas llamadas "democráticas". A pesar de que los juegos me permitían escapar de vez en cuando de la atmósfera pesada que reinaba, a pesar de que mi mirada de niño hacía que no viese ni comprendiese todo lo que estaba sucediendo, me quedan recuerdos muy vivos de esos dolorosos años. La vida se había vuelto muy difícil porque los comerciantes que pasaban por Phari se hallaban ahora en manos de los chinos. Las órdenes a grito pelado, el toque de queda marcado por la sirena que ulula por la mañana y por la tarde, todo ello creaba una gran tensión. Y luego, un día, la población fue dividida en dos categorías: la clase "feudal", a un lado y todos los demás, al otro.

Esta clase llamada feudal incluía a todos los que, de cerca o de lejos tenían una relación con la estructura tradicional de la sociedad tibetana: señores, terratenientes, comerciantes, miembros de la administración gubernamental o local, religiosos. La mayoría fueron detenidos, encarcelados o enviados a campos de trabajo y de "reeducación", de los que no volvieron sino años más tarde o nunca. Todos sus bienes fueron confiscados, las casas libradas al pillaje. Todo lo que podía tener valor, joyas, estatuas, fue también confiscado y a veces expedido hacia un destino desconocido por nosotros. Las reservas de alimentación y los vestidos de los más afortunados se distribuyeron entre los más necesitados y podía verse a los mendigos de ayer pasearse por las calles llenas de barro vestidos con ricos vestidos de lujo. Obviamente, eso no ha durado mucho: una vez agotadas las reservas, la miseria ha vuelto con fuerza. Las casas que sufrieron el pillaje quedaron totalmente vacías y la madera de construcción arrancada. Como muchos hombres habían sido deportados o encarcelados, pronto faltaron brazos y, puesto que los chinos no habían previsto nada, fue una calamidad para todos.

En este período, las sesiones de autocrítica, las *thamzings*, se multiplicaron. Todo el mundo debía asistir a ellas, excepto los niños más pequeños. Yo asistí a varias, y siempre se desarrollaban de la misma manera, según dos procedimientos. Los habitantes eran reunidos en grupos llamados de "formación" que primero debían asistir a una especie de curso magistral sobre la doctrina comunista. El que se encargaba de ello dibujaba con vehemencia un cuadro negativo de la sociedad tibetana, retrógrada y subdesarrollada, y presumía de los beneficios del porvenir radiante que el pensamiento de Mao Zedong, de Lenin y de Marx iba a propagar en el Tíbet. Luego, a las ocho de la tarde, todo el mundo era reunido en un antiguo almacén confiscado a un comerciante. Un jurado formado por algunos oficiales chinos sentados en fila, en sillas, se situaba en el medio de la sala, el "feudal" era conducido sin miramientos y arrodillado ante sus jueces, "representantes del pueblo". Entonces se proferían acusaciones contra esa persona, considerada como un criminal. Se le reprochaba, a él y a veces a su familia, todo tipo de fechorías, reales o imaginarias: malos tratos a los eventuales sirvientes, malversación del dinero, robo, explotación de los más miserables, servidumbre, condenas crueles... Adoptando la actitud del más humilde, tenía que pedir disculpas, confesar sus faltas y pedir perdón al pueblo al que reconocía haber timado durante años. Sus sirvientes, sus empleados o sus vecinos tenían que acusarle y testimoniar diferentes fechorías que se suponía que había cometido. La tensión era tal que todos se lanzaban a denunciarlo por miedo a ser considerados cómplices del "feudal". Todo esto se producía con una agitación y una excitación extremas. La gente no hablaba, gritaba.

Así pues, esas sesiones eran de una enorme violencia, pero existía un segundo tipo, más violento todavía: las que se organizaban para los que se habían negado a plegarse a la confesión durante una sesión ordinaria, y para quienes estaban en una lista negra, generalmente miembros remotos de la familia de un noble o de un lama influyente. Esta vez, las acusaciones eran realizadas directamente por los empleados o los sirvientes del "criminal"; para hacerlo confesar sus "crímenes", todo les estaba permitido: escupirles, darles puñetazos y patadas, o golpearlos con todo lo que pudiera caer en sus manos... Todo eso, claro está, bajo una oleada de insultos. Estas sesiones se convertían en ataques de histeria colectiva, pues el público tenía que participar injuriando o insultando al hombre o a la mujer que era el blanco de los chinos. Al final, generalmente el acusado era evacuado en una camilla. Otras sesiones del mismo tipo se celebraban de día y al

aire libre. La atmósfera se volvía difícilmente sostenible ante
tanta tensión y odio.

Los fantasmas sikhs

En 1962, durante este período tan duro y tan difícil, estalló la
guerra entre China y la India por un litigio fronterizo. China
reclamaba a la India, sobre todo, el Aksai Chin, una gran región situada al oeste de Ladakh, y Arunachala Pradesh, que
en ese momento se la denominaba la North East Frontier
Agency, y que constituía una larga franja de territorio entre
Bhután y Birmania. Las tensiones, muy vivas desde 1959,
estallaron en octubre de 1962. Phari estaba bastante alejada
de esta zona, pero la guerra conmocionó todavía más nuestra vida.

La ciudad recibió muchos refuerzos armados y todos los
habitantes de más de diez años fueron movilizados. Mi corta edad –no tenía más de cinco años– me permitió evitar las
faenas de transporte de municiones hacia los puestos avanza-
dos en la frontera con Bhután o la India. Los combates se desarrollaban lejos de nosotros, pero la exaltación que reinaba
era muy grande: órdenes a gritos, agitación, nerviosismo, el
ajetreo de camiones militares, todo ello contribuía a hacer de
Phari un lugar poco habitable.

Felizmente, los combates fueron de corta duración y después de haber hecho una demostración de fuerza, el ejército
chino abandonó su avance por territorio indio. Vimos cómo
las tropas volvían con muchos prisioneros y la victoria del
ejército popular fue festejada como es debido. Mis padres y
yo nunca habíamos visto, ni siquiera habíamos oído hablar de
los batallones de soldados sikhs que combatían en el ejército indio. Ahora bien, un día, el comandante de la guarnición

de Phari reunió a toda la población en la plaza de Hombé Thang, la más grande de la ciudad. Nos anunció: «¡Vuestra religión os ha hecho creer en los fantasmas, pero jamás os habéis cruzado con ninguno; hoy vamos a demostrároslo!». Bajo sus órdenes, unos soldados condujeron a los sikhs con sus turbantes tradicionales, los cabellos deshechos, la barba desarreglada y el pecho desnudo. Verlos así me impresionó porque, a diferencia de la mayoría de los orientales, los sikhs son muy velludos. Además, los chinos habían extendido cenizas en su pecho y encrespado sus cabellos para que dieran miedo, hasta el punto de que los habitantes, aterrorizados, huyesen gritando. Yo estaba petrificado de miedo. En cuanto a los pobres sikhs, humillados, miraban hacia el suelo.

Mi padre, el travieso valiente

La guerra dio a mi padre la oportunidad de mostrar una vez más la sangre fría de la que sabía hacer gala. Desde la llegada de los chinos, se había vuelto extremadamente difícil practicar los rituales funerarios de manera correcta desde el punto de vista de la tradición. Nos estaba prohibido quemar mantequilla en nuestras lámparas votivas, y los templos habían sido sometidos al pillaje. Ahora bien, Truring Drothok, una mujer de unos cuarenta años, originaria de Phari y designada responsable de nuestra región por los chinos, perdió a su madre. Se las arregló para hacer saber a mi padre que deseaba que condujera él las ceremonias funerarias tradicionales puesto que ningún monje vivía ya en la región. La atmósfera era tal que mi padre, a pesar de lo valiente que era, dudó seriamente. Sabia que si lo cogían, sufriría por ello y nosotros probablemente también. Truring tenía un argumento que lo convenció para que hiciera lo que ella pedía: estaban en guerra, todo el mundo estaba en el frente y nadie se enteraría nunca de este asunto.

Mi padre eligió hacer los rituales en el monasterio de Richung Potok, el cual había sido destrozado vandálicamente, igual que los otros. En gran secreto, puso otra vez en su lugar todas las estatuas de las divinidades arrojadas al suelo, así como las banderas de oración para celebrar el rito según nuestra tradición tibetana. Esos estandartes, en los que se imprimen oraciones que el viento lleva por las cuatro direcciones del mundo, son generalmente de cinco colores –azules, rojos, amarillos, verdes y blancos–, pero mi padre, que todavía conservaba su sentido del humor, eliminó los estandartes rojos: era el color favorito de los chinos y era su manera de tomarse una revancha.

Tal como se temía, cuando el ejército volvió a Phari al terminar esta breve guerra, la noticia, según la cual alguien había hecho oraciones, llegó a oídos de los chinos. Organizaron una rápida investigación para saber quién era el "disidente", el "contrarrevolucionario" que se había atrevido a levantar de nuevo, limpiar y volver a pintar las estatuas de Richung Potok. Terminaron por descubrir que mi padre era el responsable de lo que a sus ojos era un crimen contra el Estado. Fue arrestado inmediatamente y sometido a un interrogatorio de los más duros. En lugar de mostrar su miedo, les respondió con firmeza: «Esos rituales se han realizado con el acuerdo de vuestra Truring. ¡Ellos os han permitido ganar la guerra! Si he cometido un error, os pido que me perdonéis. Truring podrá explicaros todo». ¡Los chinos, todavía en plena excitación por su victoria, aplaudieron a mi padre y elogiaron su patriotismo! Se había salvado.

ENCUENTRO CON LA MUERTE

En ese mismo período perdí a mi abuela. Había contraído la tuberculosis, y los malos tratos que había sufrido y la ausencia de alimentos sanos habían agravado el estado de su salud. Pronto empeoró, hasta el punto de no poder hablar más que con grandes dificultades. En sus últimos días, no podía tragar ya nada y, para hacerla beber al menos un poco, mi padre compró botellitas de zumo de frutas, lo que era un gran lujo. Mi padre me hizo beber unos sorbos y descubrí con deleite el delicioso sabor dulce de los frutos.

De repente, un día, mi padre anunció que mi abuela había muerto. Tuve un extraño sentimiento: sabía que la muerte existía porque la había visto a menudo, pero creía que algunos seres escaparían a ella y permanecerían siempre entre nosotros. Mi abuela, a la que yo adoraba, formaba parte de ellos. Mi padre, con mucha ternura, me explicó lo que significaba morir; me hizo comprender que todo es efímero y fugaz. Mi abuela había muerto, era preciso que me hiciera a la idea de que no volvería a verla más. A mí me costaba comprender lo que esto significaba, pues estaba muy apegado a ella. Según la tradición buddhista, se puede conservar el cuerpo algunas horas, y mi padre se las arregló para hacer ofrendas de lamparillas y de alimentos que antes había consagrado mediante un ritual.

A continuación fue llevada por Tobden hacia nuestro cementerio de Kalep para ser troceada y ofrecida como pasto a los buitres. La tradición quiere que la familia no asista a este ceremonial funerario. Tradicionalmente, solo los lamas de alto rango son quemados durante grandes ceremonias. A veces, el dominio que tienen de la meditación les permite controlar completamente su espíritu en el momento de la muerte. Entonces pueden permanecer varios días, incluso varias semanas, en la posición del loto, con el cuerpo flexible y la región del corazón todavía caliente. Un signo físico permite ver que se puede disponer de su cuerpo: la cabeza cae sobre los hombros, el corazón se enfría, y aparece la rigidez cadavérica. Generalmente, se conserva su cadáver en una caja de sal hasta el día que tiene lugar la cremación, a veces más de un mes después de la muerte. En el caso de los cadáveres de las personas ordinarias, se recurre a un sepulturero como Tobden. Tradicionalmente, al menos en Phari, los recién nacidos, o los niños de menos de un año, eran simplemente metidos en recipientes de tierra y sepultados. Para todos, ricos o pobres, los rituales funerarios eran iguales. Mi abuela no fue una excepción. Incluso con el consuelo de mis padres, su muerte fue una herida añadida en mi vida de niño.

La huida

En China, el contexto político se había vuelto muy confuso. Mao Zedong había dejado sus funciones de presidente de la República popular tras el fracaso del "gran salto hacia delante" de 1958, cuyos efectos habían sido desastrosos para la economía. Liu Shaoqi fue designado su sucesor y Mao, todavía presidente del Partido Comunista chino, se halló, muy a su pesar, apartado de las grandes decisiones. Para recuperar su ascendencia sobre una situación que se le escapaba, Mao utilizó a la juventud como palanca que le permitiera recuperar su poder.

1966, la sangre y el fuego

En 1966, inspirados por la lectura del «Pequeño libro rojo» que reunía algunos de sus principales pensamientos, millones de estudiantes a través de toda China se lanzaron en cuerpo y alma a una nueva revolución "cultural" cuyo objetivo era hacer tabla rasa del pasado, de la jerarquía, de todo lo que, de cerca o de lejos, recordaba el marco tradicional de la sociedad. La calle, las escuelas, las universidades, las fábricas, todo les pertenecía, y los campos de "reeducación mediante el trabajo" se multiplicaron mientras se quemaban millones de libros y se destruían decenas de miles de monumentos.

El Tíbet, ya empobrecido y maltrecho por la ocupación china, sufrió todavía más. Solo un puñado de templos o de monasterios escaparon a la terrible oleada de destrucción organizada por la Guardia Roja que, para muchos, no tenían de estudiantes más que el nombre. Manuscritos únicos, desaparecidos de la India desde hace casi mil años, pero conservados en el Tíbet, fueron quemados; las estatuas más preciosas que todavía no habían desaparecido fueron robadas o destrozadas; algunas, muy grandes o muy pesadas, fueron simplemente dinamitadas al mismo tiempo que los monasterios que las abrigaban. En Phari, como en otros lugares, las sesiones de autocrítica se duplicaron y la vida, ya tan difícil, simplemente se hizo insoportable.

Un toro disfrazado de buey

Todo eso era demasiado para mi padre, el cual, con el mayor secreto, preparó nuestra evasión de la ciudad que se había convertido en nuestra prisión. Yo fui apartado del proyecto, con toda justicia, pues no solamente las denuncias se multiplicaban, sino que los chinos interrogaban sutilmente a los niños para saber lo que pensaban sus padres. ¡Cuántos tibetanos y tibetanas han sido asesinados o enviados a campos de concentración, denunciados por las inocentes palabras de sus propios

Dibujo de Thubten Ngodup:
su familia huye de Phari y parte hacia el exlio

hijos! Este siniestro período ha traumatizado a toda una generación. ¿Cómo se puede vivir tranquilamente cuando se sabe que los propios padres han muerto porque hemos pronunciado tres palabras que para nosotros eran insignificantes?

Parece que mi padre había preparado nuestra partida desde hacía mucho tiempo. Se había enterado, no sé cómo, de que el Gobierno bhutanés autorizaba el tránsito y la instalación de los refugiados tibetanos. Más de una treintena de sus amigos acababan de huir con éxito. La noche anterior a nuestra evasión, escribió una larga carta justificando nuestra salida hacia el exilio. En ella escribía: «Yo, Jamyamg Kunzang, estoy en total desacuerdo con la ideología comunista y sus prácticas» y continuaba diciendo que no podía soportar ver a su familia padecer hambre y que no podía renunciar a su fe buddhista, que era el pilar de su existencia.

Al día siguiente partimos muy temprano. Para mi sorpresa, vi que mi madre se disfrazaba de hombre, y vi que mi padre disfrazaba nuestro toro negro, cubriéndolo de pieles claras para hacer que pareciera el buey con el que el iba a pastar. Mi hermano estaba igualmente asombrado de lo que estaba sucediendo y ambos compartíamos un sentimiento confuso de que algo muy importante estaba pasando. Mi padre me confió el gran relicario que guardábamos en casa, luego me cogió y me escondió bajo una manta, acostado sobre el falso buey, diciéndome que no hablara y no me moviera. Profirió una amenaza que me hizo obedecer inmediatamente. Si, por desgracia, me hallaban oculto, sería obligado a volver a la escuela de los chinos. ¡Me quedé en la más perfecta inmovilidad! La víspera, había hecho saber al vecindario que iba a salir a buscar plantas medicinales. Nuestro pequeño grupo partió, pues, con ruido suficiente como para no pasar desapercibido, tomando la dirección hacia Tuna, hacia el norte, hacia Gyantsé.

Una vez alejados, mi padre me hizo salir de mi escondite y me anunció que íbamos a ver a Su Santidad el Dalai Lama, a la India. Como conocía perfectamente todos los rincones y recovecos de la montaña, tomamos un sendero que iba hacia el sur en dirección al puerto de montaña de Témola, la puerta de Bhután. Como si los dioses protectores nos acompañasen con su bendición, la neblina que cubría la montaña nos ofreció un refugio seguro. Nadie podía vernos. A las diez de la mañana, llegábamos a la cumbre. Durante ese tiempo, en Phari, el ejército se había enterado de una serie de partidas de exiliados que se dirigían hacia Bhután. Sospechando de mi padre, los chinos llegaron a la casa horas después de nuestra partida, para detenerlo. Pero nosotros estábamos ya lejos, y ellos ignoraban por completo nuestro itinerario. En un recodo del camino vi, por última vez, la llanura de mi infancia; abandonaba a mis amigos, mis juegos, todo el universo que conocía. Todos los detalles de este viaje han quedado grabados en mi memoria. Triste, inquieto pero aliviado también ante la idea de ir a ver al Dalai Lama, del que yo no sabía nada excepto que era santo entre los santos, seguía el camino, confiando en mis padres.

Más tarde, siempre atravesando distintos senderos, llegamos a un abrigo en el que, durante los preparativos de nuestro exilio, mi padre se había encargado de llevar madera, té y *tsampa*, la harina de cebada tostada que, de algún modo, es nuestro plato nacional. Horas más tarde, llegamos a la frontera bhutanesa, donde nos intalamos en una cueva para pasar la noche.

Dibujo de Thubten Ngodup:
arresto por soldados butaneses. Todos ellos están aterrorizados
ante la idea de que se vuelva a mandar a la familia al Tíbet.

Ser libre o morir

Al día siguiente, una vez volvimos a emprender el camino hacia nuestra salvación, nos cruzamos con cuatro soldados bhutaneses que patrullaban montados a caballo por un pequeño valle.

–¡Vaya! ¿Quiénes son ustedes? ¿De dónde vienen? –Dijo uno de ellos con mucha agresividad mientras los otros tenían la mano en el fusil.

Mis padres se pusieron inmediatamente de rodillas y unieron las manos en señal de respeto. Mi padre tomó la palabra.

–Venerable oficial, somos de Phari. La vida allí se ha vuelto imposible para nosotros; los chinos no dejan de maltratarnos, el hambre nos atenaza. Mis hijos y mi familia caen en la desgracia.

Pero el que parecía ser el jefe de ese pequeño batallón no dejó continuar a mi padre. Inmediatamente dio una orden que nos heló la sangre.

–¡Media vuelta! ¡Volved al lugar del que venís! ¡Nada de tibetanos en Bhután!

Y enseguida los tres hombres nos rodearon como para empujarnos hacia el sendero por el que habíamos venido. No fue más que un grito en medio de nuestras lágrimas:

–¡No nos abandonen! Sufrimos demasiado, preferimos morir aquí que volver al Tíbet! ¡Tengan compasión!

–¿Por qué quieren que los creamos? ¿Por qué están aquí? preguntó secamente el soldado.

Y mi padre retomó su explicación: la crueldad de los chinos, el odio por todas partes, la ausencia de libertad, la imposibilidad de meditar y de hacer los rituales, lo que para él, antiguo monje, suponía un gran sufrimiento. Su deseo de estar cerca de Su Santidad el Dalai Lama y de ofrecernos a mi hermano y a mí una vida que no estuviera hecha de dolores y de penas.

El rostro del bhutanés se iluminó entonces con una gran sonrisa:

−¡Te creo, podéis ir tranquilos! Y mirando a sus compañeros, rio.

Nosotros no comprendíamos nada.

−Mirad, hay tibetanos que trabajan para los chinos y se hacen pasar por refugiados. Solo he querido saber si tú eras uno de ellos. Los espías chinos se mezclan con los refugiados, recogen información en las carreteras que han tomado, de las familias o de los amigos que se han quedado en el Tíbet. Y luego, un día, desaparecen y regresan para ofrecer su información. ¡No cabe duda de que tu familia y tú sois sinceros!

Y sonrió de nuevo.

Decir que nos sentimos aliviados no es suficiente para describir el sentimiento que experimentamos al inclinarnos ante los soldados. Yo empezaba a verme de vuelta a Phari, a mis padres encarcelados y a mi hermano y a mí solos, sin casa. ¡Y la escuela! Finalmente, el que parecía ser el jefe dio sus órdenes: dos de sus hombres fueron a apostarse en la frontera por el sendero que nosotros habíamos tomado, y él, junto con otro soldado, nos escoltó hasta el campo del ejército que estaba en el pueblo de Checa, no lejos de allí.

Bhután, el país de mis primeros árboles

También me acuerdo muy bien de este día, tanto por las emociones extremas que experimenté como por todos los descubrimientos que pude hacer. Por la pista por la que caminábamos, iba de asombro en asombro. Phari estaba construida en un lugar bastante desértico y tan elevado y azotado por los vientos que ningún árbol podía crecer. Allí, a medida que

Dibujo de Thubten Ngodup:
al llegar a Bhután, la familia ve un bosque por primera vez
(Phari está a tal altitud que allí no crece ningún árbol).

descendíamos hacia Cheka, empecé a ver árboles, por primera vez en mi vida. Me quedaba atónito ante los troncos, el follaje, las formas tan variadas de las ramas. En el mismo Cheka, vi otra cosa que no podía ni siquiera imaginar: existían casas con techos inclinados, cubiertos de tablillas. Para mí, que no conocía más que los techos con terraza, este descubrimiento tenía algo de extraordinario. Pero esto no fue todo. Los soldados quisieron compartir su comida con nosotros y nos dieron arroz. Fue un regalo para mí, pues nunca lo había comido. Lo encontraba tan delicioso que todavía hoy recuerdo el sabor que tenía ese día. Mi llegada a Bhután era ya rica en sensaciones nuevas y extraordinarias.

Permanecimos algunos días en Cheka, esperando la vuelta del jefe del campo, a quien se llamaba el *drakshö*. Era él quien debía decidir nuestra suerte. Esos días de espera fueron días de angustia pues, al fin y al cabo, podía decidir devolvernos al Tíbet. Mi padre pensó que el dinero podría resolver nuestro problema e intentó sobornar a algunos soldados con los pocos billetes chinos que tenía. Fue un fracaso. Tres días después de nuestra llegada, otros cuatro exiliados de Phari se unieron a nosotros. De ese modo pudimos tener noticias y supimos que nuestro padre iba a ser detenido pocas horas después de nuestra partida.

Por fin, el *drakskö* llegó. Nos interrogaron a todos, de uno en uno, y luego dio órdenes en bhutanés. La lengua hablada en Bhután es ligeramente distinta del tibetano, y uno de los hombres de nuestro grupo comprendió mal lo que el *drakshö* había dicho. El rumor se propagó como un reguero de pólvora: nos mandaba de nuevo al Tíbet. El pánico hizo presa de nosotros y se tomó una decisión: para no vivir más en el infierno de la ley china, la única solución era suicidarnos todos. Afortunadamente, el *drakshö* se enteró pronto de lo que sucedía y, dirigiéndose a todos, nos tranquilizó inmediatamente. No, nunca nos devolvería al Tíbet, pues se había llegado a un acuerdo entre Jigme Dorji Wangchuk, el rey de Bhután, y Su Santidad del Dalai Lama, que autorizaba a todos los refugiados tibetanos a atravesar el pequeño reino para llegar a la India. En nuestro caso, teníamos que esperar todavía unos días, ya que, sin duda, llegarían todavía más refugiados. ¡El pánico dio lugar a la alegría!

Por fin llegó el día de la partida. Nuestro grupo se fue hacia Paro, pasando por el templo de Kyichu Lhakhang, construido en el siglo VII por el primer emperador tibetano, Songtsen Gampo. Más tarde, nuestro segundo Buddha, Padmasambhava vivió allí. Era también un lugar al que el

maestro de la escuela Nyingma, Kyabjé Dilgo Khyentsé
Rinpoché le gustaba venir. Todo en este hombre, que se convirtió en uno de los maestros del Dalai Lama, era grande: ¡su
cuerpo, sus manos, su mente! Por fin, llegamos a Paro, una
ciudad muy antigua del pequeño reino, cerca de la cual se había instalado un campo de refugiados, Jishing Khang, dirigido por Kungo Lhading, un noble tibetano, uno de cuyos antepasados, el general Lhading, había luchado hasta la muerte
durante la invasión inglesa del Tíbet en 1904.

El sueño de una casa que se mueve

En ese momento comencé a tener sueños extraños de los que
podría decir, ciertamente, que eran premonitorios. Antes de
llegar al campo de refugiados, había soñado con paisajes
campestres, casas con techos inclinados bellamente decorados con macetas. Cosas, todas ellas, que me resultaban extrañas. Ahora bien, el paisaje que descubrí en Jishing Khang era
idéntico al que había visto en sueños; incluso fui capaz de decir con antelación cómo iba a ser nuestro camino, o el número y el color de los animales que íbamos a encontrar.

Tuvimos el tiempo justo para instalarnos en el campo.
Nuestro *karma*, el fruto de las acciones de nuestras vidas pasadas, no era, obviamente, vivir en Bhután. Supimos que la
cuota de refugiados autorizados a instalarse en este bello país
se había alcanzado; teníamos, pues, que dejarlo para ir a la
India. Quizá fuera porque una vez más tenía que ir hacia lo
desconocido, pero dos días antes de nuestra partida tuve otro
sueño extraño. Vi una casa ardiendo y una especie de edificio
largo, como una casa alargada, que rodaba por vías de hierro.
Escoltados por el ejército bhutanés, abandonamos Jishing
Khang en un camión que nos condujo por una ruta sinuo-

sa que descendía hacia la India. Por primera vez sentí un calor húmedo, pero me acostumbré sin dificultad. Finalmente llegamos a un nuevo campo instalado en la frontera, el de Phuntsog Ling, dirigido por Kungo Loten. Prudentes, respetuosos, los soldados habían elaborado la lista de todo lo que teníamos; en realidad, no era casi nada, a no ser lo que nos habían dado algunos bhutaneses caritativos que comprendían nuestra situación. Se apuntaba hasta el más pequeño de los objetos, el rosario más pequeño, aunque estuviera roto, cualquier tazón, etc. Estas listas fueron enviadas a nuestro jefe de campo, quien nos asignó una casa como nuestra nueva residencia. Cuál no sería mi sorpresa al ver que la casa vecina a la nuestra había ardido el día anterior. Cuál no sería mi sorpresa también, cuando al ser obligados a abandonar el campo para ir a Alipore (Bengala Occidental), vimos por primera vez un tren. Mi padre, con quien compartía mis sueños, estaba perplejo. Miles de tibetanos vivían no lejos de la ciudad, en el inmenso campo de Buxa, construido alrededor de un fuerte que había servido de prisión en otro tiempo. Mucho más tarde, supe que en ese campo habían vivido o habían pasado por él una gran parte de los religiosos tibetanos que, sin medio alguno, intentaban proseguir sus estudios y mantener sus tradiciones.

El pequeño paraíso de la prisión

En Alipore las cosas dieron un giro bastante extraño. Hubo un desacuerdo respecto a nuestras "posesiones" y mientras se aclaraba este asunto… simplemente nos metieron en la cárcel. Todo esto se arregló rápidamente y nos condujeron a Siliguri, una hermosa ciudad de la llanura, construida en la carretera que va hacia Sikkim, a unas horas de Darjeeling, donde había comunidades de refugiados tibetanos. Desde nuestra salida de Bhután, por allí por donde pasábamos veíamos refugiados. Pero no se nos dejó tiempo para apreciar nuestra estancia, pues, una vez más, nos encontramos en la cárcel. Esta vez, la razón era más fácil de comprender. Gapshi Ao Tséring, uno de nuestros compatriotas y compañeros de exilio, era sospechoso de espiar para los chinos. Todos fuimos interrogados por agentes de los servicios secretos indios que esperaban que les diéramos los nombres de los que trabajaban para la China comunista. Nadie dio el de Gapshi Ao Tséring.

Esta investigación duró tres meses, durante los cuales tuvimos que quedarnos en la cárcel. Sin embargo, nuestras condiciones de vida no eran desagradables, excepto porque estábamos en una altitud muy baja y porque, por primera vez en mi vida, tuve la experiencia penosa de los monzones. Las lluvias torrenciales, el calor agobiante, los miles de mosquitos, todo esto hizo que laIndia, el "país noble" como lo llamábamos, me pareciese en un primer momento poco paradisíaco. En la cárcel, las reglas no eran muy estrictas. Podíamos estar juntos hasta cinco horas por la tarde; luego, las madres y las hijas iban a una parte, mientras que los hijos y sus padres iban a otro lado. A mí me hubiera gustado ver a mi madre conmigo más a menudo, pero, en esta vida, parece que mi madre y yo no hemos tenido la buena suerte de pasar largos momentos juntos.

Los guardias nos contaban cada vez que entrábamos y que salíamos de los dormitorios. De ese modo pude aprender algunas palabras de hindi y contar hasta treinta: *ek, do, tine, tchaar…* Lo difícil era que en hindi los números son distintos, a diferencia del tibetano o el inglés en los que se tiene números para las decenas, a los que se añade siempre la misma unidad. Una vez a la semana, los de mayor edad, acompañados por un guardia, tenían la posibilidad de salir para hacer algunas compras en el mercado, con los gastos pagados por la India. Alguna vez salí con ellos y, en cada una de esas escapadas, quedaba impresionado por la variedad de los colores de los vestidos, la multitud de gente abigarrada, la abundancia de los puestos para vender. Iba siempre de descubrimiento en descubrimiento. Uno de los más hermosos fue, justamente, la inmensa variedad de sabores y de perfumes. Mi padre descubrió la leche concentrada Nestlé de la que se volvió entusiasta. Yo aprendí también algunas palabras: *namasté* para saludar, *fal* para referirme a las frutas, *tchiinii* para el azúcar, *tchaaval* para el arroz, pero esta palabra me costaba mucho pronunciarla, pues el sonido *v* no existe en tibetano.

A medida que pasaban los días, los guardias se volvían cada vez más amables. A veces, uno de ellos incluso salía a hacer las compras por nosotros, si nos habíamos olvidado de algo. Esto puede sorprender, pero la vida en la cárcel nos pareció dulce, tranquila y calmada, comparada con los últimos años pasados en Phari. Para mí, que no había conocido más que los sufrimientos causados por los chinos, la cárcel de Siliguri era un pequeño paraíso, aunque, hay que reconocerlo, tenía momentos de tristeza de vez en cuando, pues soñaba con los amigos que había dejado detrás de mí. Para mi padre la cárcel fue también uno de los períodos más bellos de su vida: gracias a la imposibilidad de circular como quería, se puso a meditar durante largas sesiones y, como él mismo ha reconocido, este período fue para él el mejor de su exilio, porque se podía consagrar plenamente a la práctica del budismo. Ya en Bhután, él no soñaba más que con una cosa: pedir su bendición al Dalai Lama para poder llevar una vida de ermitaño. La vida decidió que fuese de otro modo.

2. EN EL PAÍS DEL BUDDHA

Yo me hallaba al comienzo de esta vida que parecía tener que ir de comienzo en comienzo. Tenía apenas diez años y, sin embargo, tenía el sentimiento de haber vivido ya mucho. Detrás de mí, el Tíbet donde había quedado toda mi infancia y sus asesinos. Ante mí, la India, el país del Buddha en el que el Dalai Lama había hallado refugio y donde parecía que tenía que diseñarse mi futuro. Yo hacía frente a lo desconocido, pero permanecía confiado.

DHARAMSALA

Una mañana apareció un oficial para decirnos que tendríamos que prepararnos para salir hacia Dharamsala, la ciudad que el Gobierno indio había designado como lugar de residencia para nuestro Gobierno en el exilio. Cuando, en marzo de 1959, el Dalai Lama había tenido que escapar hacia la India ante las tropas chinas, el Gobierno del Pandit Nehru lo acogió lo mejor que pudo. La situación no era nada fácil para él, porque la presencia en su territorio de nuestro jefe político y religioso y de miles de tibetanos que comenzaban ya a huir de su país no podía más que tensar las relaciones ya delicadas con China.

Nuestra nueva capital

El Pandit Nehru tuvo que transigir con los imperativos de la estabilidad política que debía mantener en la India, su deseo sincero de ayudar a Su Santidad, y el necesario, aunque relativo, entendimiento con China. Por una parte, se negó a reconocer oficialmente nuestro Gobierno, pero se declaró responsable de todos los tibetanos que vinieran a refugiarse en suelo indio. Impidió que el Dalai Lama fuera a defender la causa tibetana ante la Asamblea general de la Organización de las Naciones Unidas, pero le dejó toda su libertad de movimientos y de expresión, lo cual le permitió dar conferencias de prensa en las que, ante multitud de periodistas de todo el mundo, pudo denunciar sin rodeos la política china en el Tíbet. El Gobierno chino, muy descontento, bloqueó las carreteras, militarizó la frontera, expulsó a los ciudadanos indios que vivían en el Tíbet y reafirmó sus reivindicaciones territoriales, lo que, al final, condujo a la guerra de 1962, por la que Phari sufrió tanto.[1] En un primer momento, Su Santidad pudo instalarse con su Gobierno en los contrafuertes del Himalaya, en Mussoorie (Uttarakhand), pero la proximidad de Delhi provocó también tensiones con China. Finalmente, en abril de 1960, abandonó Mussoorie para ir a Dharamsala (Himachal Pradesh).

El viaje fue largo desde Siliguri a Pathankor, en tren, y luego de Pathankor a Dharamsala, en coche, pero la fatiga se mezclaba con un sentimiento difícil de describir. ¡Íbamos al lugar en el que vivía el Dalai Lama, quien hasta ese momento había permanecido inaccesible para la inmensa mayoría de los tibetanos! Era una gran paradoja: ¡mira por dónde, gracias a

---

1. Véase p. 35.

los chinos, íbamos a poder vivir en el aura de la emanación humana de nuestro protector Avalokiteshvara, la compasión personificada! El paisaje desfilaba ante mis ojos, alternando hermosos campos cultivados, verdes colinas, pueblos modestos y pequeñas ciudades, cuyas calles estaban tan abarrotadas que obligaban a nuestro conductor a verdadera proezas para no atropellar a nadie. A pesar de toda la excitación que sentía, la torpeza invadía al niño que todavía era. Los bocinazos del conductor de nuestro coche, que echaba pestes contra las vacas que obstaculizaban la carretera, me impedían caer del todo en el sueño, y una vez más admiraba la riqueza de las regiones que atravesábamos. Un estremecimiento nos embargó a todos cuando, a lo lejos, vimos las primeras cumbres elevadas del Himalaya sobre el horizonte. Dharamsala apareció por fin. Estábamos a comienzos de 1969.

En ese momento era una pequeña ciudad construida al pie de la montaña, con una gran llanura que se extendía ante ella. Desde allí salía una pista que subía hacia McLeod Gang, bordeando la ladera de la montaña entre medio de los árboles. La atmósfera era muy calmada. El Dalai Lama vivía un poco apartado de McLeod Gang, en un pequeño lugar con una arboleda alrededor del Swarg Ashram, la antigua residencia del responsable administrativo de las Indias británicas. Dharamsala había seguido siendo una ciudad india, pero al subir hacia la residencia del Dalai Lama, nos cruzábamos con tibetanos de todas las regiones a los que a veces me costaba entender, de lo extraño que me resultaba su acento.

¡POR FIN, EL DALAI LAMA!

El primer encuentro con el Dalai Lama tuvo lugar poco después de nuestra llegada. Regularmente, él acogía a los nuevos refugiados mediante una reunión muy sencilla en la que daba la bienvenida a cada uno y recordaba la fuerza de nuestra cultura, nuestra religión y nuestra historia. Quedé conmovido cuando lo ví, sonriente, vestido con las ropas que usan todos los monjes. La emoción de nuestro grupo estaba a tope y casi todo el mundo lloraba. Habíamos soportado tanto sufrimiento, habíamos perdido todo lo que teníamos en el Tíbet, y ver al Dalai Lama era como una última recompensa, como la promesa de que nuestras vidas futuras serían mejores que la que teníamos hoy. Su voz, fuerte y sonora, llena de confianza, nos envolvía con un profundo sentimiento de tranquilidad. Él emanaba una presencia dulce, tranquila y benévola, pero tan poderosa que, cuando salimos después de haber recibido su bendición, yo tenía la impresión de flotar en el espacio, libre y ligero.

Los refugiados más ricos no tenían preocupaciones materiales. Ciertamente, algunos habían sido encarcelados durante algún tiempo y, en muchos de casos, algunos miembros de la familia habían muerto o estaban todavía en la cárcel. Pero con el dinero que habían traído, o que habían hecho llegar a la India antes de su partida al exilio, podían montar comercios o pequeñas empresas artesanales. En esas condiciones, el Gobierno tibetano no les daba alojamiento. Su fortuna les permitía no sufrir por ello y sus hijos eran escolarizados en escuelas tibetanas, en escuelas indias o, para los más adinerados, en internados de Mussoorie o de otros lugares.

Pobres en el Tíbet, pobres en la India

No era nuestro caso. Nosotros habíamos salido pobres del Tíbet y habíamos llegado pobres a la India. Teníamos que tomar una dura decisión. O bien nos íbamos a un campo de refugiados para establecernos allí como agricultores –había ya unos cincuenta campos en todo el país-, o bien nos quedábamos aquí, en la región, a trabajar en las carreteras de altitud que el Gobierno indio construía. Allí los tibetanos eran bienvenidos, porque eran resistentes y estaban adaptados físicamente a la falta de oxígeno. En el Tíbet, oficialmente, mi padre era agricultor, pero no quería desplazarse y volver a comenzar en otra parte, con el riesgo de tener que ir a regiones en las que el clima nos hubiera resultado insoportable. Decidió que nos quedaríamos y trabajaríamos en las canteras de montaña construyendo carreteras transitables.

Como la oleada de refugiados había aumentado con la Revolución Cultural, se estableció un nuevo campo junto a McLeod Gang bajo la dirección de un *khampa* que se llamaba Gyapön Drakshö, el "capitán" Drakshö, que había sido designado para este puesto de contramaestre por los propios obreros. Con los otros refugiados destinados a las canteras, nos instalamos en una casita y nuestro primer trabajo fue construir la carretera que unía un pueblo indio a lo que se iba a convertir en el Tibetan Children Village (TCV).

A continuación, fuimos destinados a diversas canteras, especialmente cerca de Manali, en el distrito vecino de Kullu, luego a Rotang, un puerto de montaña a 4.000 metros de altitud que permite unir el distrito de Kullu, en el antiguo reino de Ladakh, y los altos valles del Spiti y de Lahul. Antes de nuestra partida tuvimos el gran placer de volver a ver una vez más a Su Santidad durante una audiencia pública. En el verano, íbamos a la cantera en camión, por una sinuosa carretera extremadamente peligrosa, llena de carriles llenos de barro que sobresalían a veces del valle varios cientos de metros. Toda la familia trabajaba: mi padre y mi madre ganaban cuatro rupias al día, mi hermano una rupia, y yo, media rupia. Hombres y mujeres atacaban la montaña a golpes de pico y

llenaban de piedras y de tierra las cestas que nosotros, los niños, transportábamos al pie de la montaña. A cada paso, co-
rríamos el riesgo de resbalar, llevados por la pendiente y por
el peso de nuestra carga. La subida hacia la cantera era menos peligrosa, es cierto, pero muy cansada, ya que también
teníamos que guardar el equilibrio entre piedras inestables.
Al terminar el día estábamos totalmente agotados. Nos des-
plomábamos en nuestras tiendas, cuya incomodidad quedaba
borrada ante nuestra fatiga. Durante dos veranos trabajé así.

Estancia en la escuela

La cuestión de la escuela se planteó de manera natural. Todos
los niños refugiados podían ir a la escuela, pues el Dalai Lama,
su hermana mayor Tséring Dolma, que murió en 1964, y su
hermana pequeña Jétsun Péma habían considerado la educación como un elemento esencial de la supervivencia del pueblo tibetano en el exilio, y esto desde los primeros momentos de haberse instalado en la India. Siguiendo a su hermana
mayor, Jétsun Péma se habia consagrado completamente a un
gran proyecto: crear una estructura que permitiese acoger a
los numerosos huérfanos de la comunidad. A la espera de que
esto pudiera hacerse, había montado un sistema de guarderías
y escuelas abiertas a todos. La guardería, que se le llamaba
Nursery for Tibetan Refugee Children (NTRC), aceptaba niños hasta los ocho años, después de lo cual debían ir a internados establecidos con ayuda del Gobierno indio. Con el paso
de los años, la NTRC recibió tantas peticiones que su pequeña
estructura no era suficiente. Progresivamente se transformó en
pueblo, el Tibetan Children Village, que se creó en 1971.

Excepto en verano, yo iba a la escuela del futuro TCV,
pero solo durante el día, pues al no ser huérfano, no tenía

derecho a quedarme allí. Se hacía un enorme esfuerzo para
que nosotros, que no conocíamos bien el Tíbet, pudiéramos
aprender las sutilezas de nuestro idioma, la historia, la poe-
sía, pero también las leyendas, las canciones. Durante mis
estancias en la escuela, aprendí a dominar mejor el tibetano
escrito, y aprendí algunos rudimentos de inglés, pero nada
demasiado sustancial.

UN ENCUENTRO DECISIVO

Yo siempre tuve el deseo muy fuerte de convertirme en monje. En Phari, esta aspiración no había sido más que una qui-
mera, pero, desde nuestra huida, no había dejado de encontrar
monjes y monjas, y cada vez la visión de sus vestiduras gra-
nates y de sus chalecos amarillos hacía que mi corazón latiese
más deprisa. Yo había hablado de ello a mis padres, quienes se
pusieron muy contentos. Mi padre había decidido incluso que
un día iría a estudiar al Centro Sakya, sede en el exilio del linaje Sakya al que él pertenecía. El monasterio, establecido en
1964 cerca de Rajpur (Uttarakhand), era el lugar de residencia
del jefe del linaje, Kyabjé Sakya Tridzin, y de muchos grandes
maestros sakyas. Para mi padre, yo no podía encontrar nada
mejor. Sin embargo, las cosas no eran tan simples; el ritmo de
nuestra vida, la obligación de trabajar, las incertidumbres que
pesaban sobre nuestro futuro, todo eso hacía que mi proyecto
no pudiera realizarse inmediatamente.

Un viejo monje sonriente

Un encuentro aparentemente anodino cambió todo. En el
otoño de 1970, cuando acabábamos de volver agotados de la

cantera de Manali, yo estaba caminando tranquilamente, su-
biendo hacia la casa con la leche que había ido a comprar al
mercado como todas las mañanas, cuando un anciano monje encorvado, que apenas podía caminar apoyándose sobre su
bastón, mi dirigió la palabra.

–¡Buenos días, que todo te vaya bien, hijo mío!

–Que todo le vaya muy bien también a usted, venerable
monje.

–¡Oye! Tu acento y tus modales me dicen que acabas de
llegar, ¿no es así? ¿De dónde vienes?

Como yo era hablador por naturaleza y me pareció simpático y amable, contesté con detalle a todas las preguntas que
me hacía, y eran muchas. Yo le conté lo que habíamos vivido, la espantosa vida en Phari, los animales masacrados, la
huida, la travesía por Bhután...Le conté todo, incluso mi deseo de convertirme en monje y el de mi padre de verme formar parte del Centro Sakya de Rajpur porque todos nuestros
antepasados eran sakyas.

–Y si te dijera que puedes convertirte en monje aquí en
Dharamsala, ¿qué te parecería?

El corazón me dio un vuelco.

–Oh, desde luego, venerable monje, pero he de hablar de
ello con mis padres.

–No te preocupes por tus padres, yo mismo iría a hablar
con ellos. ¿Dónde vives?

Entonces le expliqué cómo encontrar nuestra casa, pero
prefirió que quedásemos en casa de Ugyen, el marido de mi
tía Acha Bumdro, una hermana mayor que acabábamos de reencontrar y que se ganaba bastante bien la vida haciendo jerseys. Ugyen se ocupaba de la imprenta de Dharamsala, no lejos de su monasterio, y como tenía dificultades para andar, el
anciano monje prefería encontrar allí a mis padres. Entonces
me explicó que venía del monasterio de Gadong, en el que no

había más que algunos monjes. Como había un proyecto de aumento del alumnado, yo era bienvenido.

EL ORÁCULO DE GADONG

¡Yo entré en casa en un estado de excitación difícil de describir! Les conté a mis padres este encuentro lanzando tal oleada de palabras que perdía el aliento. Mi padre no conocía el monasterio de Gadong (*dga' gdong* en tibetano) de Lhassa, de donde venía mi anciano monje, sino el de Gadong (*dga' sdong*), que se habia construído en la provincia de Tsang, no lejos de la ciudad de Shigatsé. Estaba, pues, a la expectativa, pero, de todos modos, contento. Al cabo de unos días, el anciano monje hizo saber que prefería que fuéramos a verlo al monasterio. Así que allí fuimos, mi padre, Ugyen y yo. Yo me encontraba desgarrado entre el miedo y la alegría. Me puse muy contento cuando volví a ver el rostro sonriente del monje, quien nos recibió con gran calidez. Durante el diálogo que tuvimos, puntuado por sorbos de té con mantequilla, supe que el hombre con quien había hablado no era sino el segundo oráculo del Estado del Tíbet, el gran oráculo de Gadong, el Gadong Kuten. En esa época, esto no significaba gran cosa para mí, no obstante, y al ver la actitud muy respetuosa de mi padre y de Uygen, comprendía que se trataba de algo excepcional.

Él nos explicó que yo podía, sin ninguna dificultad, pertenecer al nuevo monasterio de Gadong y vivir en él. Ahora bien, como su monasterio era todavía muy pequeño, yo no podría seguir en él los estudios monásticos clásicos. Para eso, sería preciso que fuese a un monasterio vecino, el de Nechung, con el cual Gadong mantenía lazos muy estrechos. ¡Nechung! Nunca había oído ese nombre, pero inmediatamente tuve el deseo ardiente de estar allí. Mi padre, para gran alegría mía, aceptó.

TRAS LOS PASOS DEL BUDDHA

La vida que llevábamos era muy dura y mis padres decidieron dejar de ir a picar piedra todos los veranos en condiciones que eran demasiado difíciles. De nuevo se planteaba la cuestión: ¿qué podíamos hacer? ¿Dónde podíamos vivir? Habíamos dejado el Tíbet con la esperanza de volver pronto, pero las raras noticias que llegaban eran terribles: destrucciones, muertes, encarcelamientos. Quienes no habían podido escapar vivían un verdadero infierno en el mayor silencio. La situación se había incluso agravado, por tanto estaba fuera de cuestión el volver. Quisiéramos o no, era preciso resignarse a establecerse de manera duradera en nuestro país huésped.

Por fin de vacaciones

En algún momento, mi padre había considerado la posibilidad de dirigirse hacia el sur para instalarse en uno de los campos de refugiados que el Gobierno en el exilio había puesto en marcha gracias a la generosidad de la India. Sin embargo, mi encuentro con el Gadong Kuten y mi próxima entrada en el monasterio ponían en tela de juicio ese proyecto. Estábamos en la India, el país del Buddha, así que mi padre decidió emprender una peregrinación a los lugares santos del budismo: Bodhgaya, donde el príncipe Siddhartha realizó la naturaleza del espíritu y se convirtió en Buddha, el Despierto; Sarnath, donde enseñó por primera vez, y Kushinagar, donde alcanzó el *parinirvana*, el despertar supremo, en el momento de su muerte. Desde luego, nos hubiera encantado ir también a Lumbini, en Nepal, al lugar del nacimiento del Buddha, pero el pequeño reino nos estaba vedado. Todavía hoy está cerrado para mí. Sea como sea, estábamos todos muy entusiasmados. Por mi parte, estaba feliz porque, por una vez, íbamos a viajar juntos sin que fuera por obligación. Hasta entonces, no habíamos viajado más que para huir, para ir de un campo a otro, o para ir a trabajar a la montaña. Emprender una peregrinación era para mí como ir de vacaciones con mi familia.

Nuestro periplo comenzó por Delhi, donde llegamos agotados, pero como transportados por la alegría de estar juntos siguiendo los pasos del Buddha. Los indios se mostraban muy curiosos al vernos, pues en ese tiempo había pocos tibetanos en India, y permanecían en los campos de refugiados, o cerca de ellos. El Dalai Lama tampoco era muy conocido, así que éramos objeto de la curiosidad. ¿Cómo se vivía en el Tíbet? ¿Por qué y cómo habíamos huido de nuestro país? ¿Dónde y cómo vivíamos ahora? Estas preguntas nos las hacían una y otra vez, siempre con mucha simpatía e interés sincero. Un día, un soldado tibetano perteneciente al ejército indio, que estaba de permiso, me hizo mil preguntas y, no sé porqué, me dio un billete de diez rupias. ¡Una fortuna! Yo me apresuré a gastármelo en dulces y chucherías de todo tipo, ¡uno de los deliciosos descubrimientos que había hecho desde mi llegada a la India! Todo empezaba, pues, bajo buenos auspicios.

En Varanasi, la ciudad más santa de la India, me impresionó la inmensa muchedumbre. El Ganges, las decenas de miles de peregrinos, el olor a incienso que impregnaba barrios enteros de la ciudad, por todas partes templos pequeños y grandes, todo me hacía comprender verdaderamente lo que podía ser la fuerza de la devoción. Desde allí, llegamos a Sarnath, en las afueras de la ciudad santa, donde nos albergamos en un monasterio tibetano. Mi padre tuvo la enorme sorpresa de reencontrar allí a uno de sus sobrinos entre los monjes. Ese viaje tenía, qué duda cabe, algo de asombroso. Era como si nos reconciliáramos con nuestra propia historia: éramos tibetanos, teníamos raíces y una religión anclada en nosotros.

Sarnath, donde todo empezó

Fue en Sarnath donde el Buddha dio su primera enseñanza en lo que entonces era, hace 2.500 años, un parque con árboles en el que las gacelas saltaban libremente. Había descubierto la naturaleza profunda, vasta, luminosa, del espíritu, pero no creía poder transmitir lo que acababa de descubrir. Entonces, los dioses le rogaron que lo hiciera: había abandonado su país y su familia para hallar el modo de erradicar todos los sufrimientos; había consumado su búsqueda, debía, pues, compartirlo y enseñar. Durante su formación, se había unido a cinco ascetas que, como él, buscaban el camino de la liberación completa. En esa época, la India rebosaba de movimientos espirituales muy variados y, con sus compañeros, el futuro Buddha experimentó con muchas técnicas de meditación y de yoga, y esto hasta sus últimos extremos. Él mismo ofreció una descripción espantosa de su estado físico después de seis años de ascesis: «Mis miembros –dice–, se convirtieron en algo parecido a las junturas nudosas y secas del bambú, mis nalgas parecían los cascos de un búfalo… Si quería tocar la piel de mi vientre, encontraba mi columna vertebral, tan cerca estaba la parte delantera de la trasera… Si frotaba mis miembros, los pelos, podridos hasta la raíz, se quedaban en mi mano».

En las fronteras de la muerte, decidió volver a una vida

normal, pero sus compañeros lo abandonaron, pensando que
se extraviaba y traicionaba su compromiso espiritual. Pero es
así como pudo convertirse en el Buddha. Tras recibir el man-
dato de los dioses, se decidió a enseñar. En ese momento llegaron a Sarnath sus cinco antiguos compañeros. Quedaron
impresionados por el brillo y la serenidad que desprendía y
comprendieron inmediatamente que había llegado al final de
su búsqueda. Es a ellos a quienes formuló la primera enseñanza de las cuatro nobles verdades, que constituye el fun-
damento de todo lo que dijo durante los cuarenta años que le
quedaban de vida.

Desde ese momento, el lugar ciertamente había cambiado
mucho. Las ruinas de los edificios religiosos construidos por
el gran emperador Ashoka tras la muerte del Buddha no bo-
rraban la dimensión sagrada del lugar. Mis padres, mi hermano y yo rezamos durante mucho tiempo. Mi madre, que era
analfabeta, había aprendido muchas oraciones con mi padre
y los dos, en voz baja, con los ojos cerrados y las manos unidas, encadenaban, una tras otra, oraciones de petición para el
bienestar de todos, para el de los tibetanos que sufrían tanto,
y también para el suyo.

Las reliquias del anciano monje chino

Antes de ir a Kushinagar, el lugar en el que el Buddha entregó
su último aliento, tomamos la carretera de Nalanda. Un nuevo suceso extraordinario tuvo lugar. Cuando estábamos en
camino, vimos un templo chino y, naturalmente, decidimos
ir a hacer ofrendas y prosternaciones. Allí había un anciano
monje sentado, recitando tranquilamente sus oraciones entre
volutas de incienso. Emprendimos una conversación bastante banal, pero muy educada y respetuosa. Antes de despedir-

se de él, mi padre le hizo una modesta ofrenda, pero en el momento en que íbamos a dejarle, el anciano monje nos llamó.

–No os vayáis, quedaos un poco más –nos dijo antes de sacar de su altar un recipiente magníficamente decorado–.

–No os vayáis antes de que os haya enseñado esto –continuó abriendo el recipiente con un respeto infinito, conteniendo la respiración–. Son reliquias de nuestro señor el Buddha Shakyamuni. ¡Mirad!

Sentimos un estremecimiento al mirar al interior del recipiente dorado. Unas pequeñas y espléndidas perlas cristalinas estaban bellamente colocadas, a cual de todas más brillante. El anciano monje explicó que al comienzo no había más que una perla, pero que, milagrosamente, fueron apareciendo otras perlas. Fue así como supe que a veces las reliquias se multiplicaban espontáneamente y que algunas recibían la denominación de "madres" porque, de manera regular, daban nacimiento a otras reliquias parecidas a ellas mismas. Para agradecernos la ofrenda de mi padre, aunque había sido muy modesta, quiso bendecirnos poniendo el recipiente sobre nuestras cabezas. Una perla cayó en mi mano sin que nadie se diera cuenta de ello. Yo se la enseñé furtivamente a mi padre, quien mi hizo una señal para que me callase. Supongo que siguió un razonamiento sencillo: puesto que una reliquia del Buddha había caído en mi mano, es que debía caer en ella. Yo me callé.

Una vez lejos de allí, mi padre la envolvió en un cordón de tela roja que yo había recibido durante una bendición y que había atado a mi cuello. De modo que hice toda la peregrinación con esta reliquia. ¡Cuál no sería nuestra sorpresa cuando, de vuelta a Dharamsala, quité el cordón para descubrir que no había una, sino tres perlas! Desde entonces las conservo como una bendición personal del Buddha. He de decir que volví a Nalanda en 1975, haciendo el mismo camino; a pesar de mis esfuerzos, nunca pude volver a encontrar ese pequeño templo chino.

Las prestigiosas ruinas de Nalanda

Así pues, llegamos a Nalanda en un estado de ánimo muy especial. Ya en tiempos del Buddha era una ciudad muy próspera; el Buddha enseñó en ella y uno de sus discípulos más cercanos, Shariputra, murió allí. Por ello, el lugar se convirtió pronto en un lugar venerado. Sobre todo, Nalanda era conocida por su universidad monástica, tan famosa que venían a ella gente de todo el mundo buddhista. No se trataba de un conjunto de edificios a los que acudían los estudiantes para seguir unos cursos, como las universidades que se pueden ver hoy en día. Se trataba de una verdadera ciudad, en la que maestros y estudiantes vivían juntos, se reunían por facultades y por niveles de dificultad de las enseñanzas. Todos eran monjes, y los maestros más reputados eran los que se ocupaban de las cuatro puertas de la universidad. En realidad, esto no hacía de ellos porteros en el sentido de tener por función abrir y cerrar las puertas. Al contrario, se encontraban entre los más cualificados de la universidad monástica. Ellos estimaban la validez de los que pretendían entrar, podían orientar a unos y otros hacia tal o cual estudio, y solo los más capaces y los más sabios podían juzgar así a los candidatos a Nalanda.

Los mismos maestros tibetanos estudiaron con maestros que eran originarios de allí o que tuvieron grandes responsabilidades en ella. Desgraciadamente, la ciudad monástica, que albergaba a varios miles de monjes, fue destruida (en el siglo XII) y nuestra peregrinación consistió en un paseo entre las ruinas. Caminar por un lugar silencioso que, mil años antes, había vibrado con las enseñanzas, los debates, las ceremonias, era especialmente impresionante.

Allí, la atmósfera propiciaba el recogimiento, y mi padre evocaba al gran Pandit Naropa, el especialista en enseñanzas esotéricas que fue uno de los padres indios de los linajes Kagyüs, al erudito y filósofo Dharmakirti, cuya influencia fue extraordinaria, o al "gran realizado" Viruta, que fue uno de los padres del linaje Sakya. Oraciones, prosternaciones, ofrendas, circunvalaciones, ritmaron nuestro paso por la antigua universidad.

Encuentro con Kyabjé Ling Rinpoché

Finalmente, llegamos a Bodhgaya, el lugar del despertar espiritual del Buddha. Yo he vuelto en varias ocasiones desde esta primera peregrinación, y las cosas han cambiado mucho. A comienzos de los años setenta, no había instalaciones para los peregrinos. La multitud era ya numerosa y daba vueltas alrededor del *stupa* de Mahabodhi, construido hace cerca de dos mil años junto al árbol bajo el cual estaba sentado el Buddha la noche en que, paso a paso, franqueó todos los grados de la emancipación total. Como recomienda la tradición, nos mezclamos con los demás peregrinos para hacer la circunvalación de los diferentes lugares santos: el árbol, con la gran losa que indica el lugar en el que el Buddha se hizo un cojín de hierba, el *stupa* principal… todo era conmovedor.

Un día, mientras dábamos la vuelta al gran *stupa*, observé a un lama bastante mayor que daba vueltas también, recitando oraciones y alabanzas, y haciendo regularmente pausas para depositar ofrendas. Nos acercamos a él y nos enteramos de que se trataba de Kyabjé Ling Rinpoché, uno de los tutores del Dalai Lama. Reconocido *trulku* desde su más tierna infancia, había seguido una formación monástica ejemplar y, progresivamente, sus cualidades y su sabiduría habían hecho de él uno de los personajes más respetados de su linaje espiritual, el linaje Gelug, pero también de todo el Tíbet. Había huido de nuestro país después del Dalai Lama, en 1959, y en 1965 había sido designado nonagésimo séptimo Ganden Tripa, es decir el nonagésimo séptimo dirigente del linaje Gelug. El exilio había desorganizado totalmente la transmisión espiritual, y su responsabilidad había sido considerable. Cuando su papel de tutor no lo retenía cerca del Dalai Lama, residía en Bodhgaya, en su monasterio de Ganden Pelgyé Ling, donde daba enseñanzas muy profundas. Para mí, era sorprendente ver a alguien tan importante estar allí como cualquier otro peregrino, vestido como todos los monjes, sin ningún otro signo distintivo. Se dice que "no hay que tomar las enseñanzas como un adorno", es decir, que la práctica espiritual, si tiene que cambiar nuestro comportamiento para mejorarlo, en el respeto a los demás, no debe en ningún momento ser como un vestido, una apariencia. Tiene que ser profunda y no necesita cambiar exteriormente para proclamar: «¡Mirad, soy buddhista!». Si puede producirse un cambio exterior, ha de venir del interior. Ling Rinpoché era esto: un hombre con una profunda sabiduría, con responsabilidades inimaginables, pero parecía totalmente ordinario. Era al verle actuar cuando se comprendía que era un personaje notable.

Nos concedió su bendición, dijo algunas palabras benevolentes y volvió a sus oraciones. Después de muchas vueltas totalmente absortos en su devoción, mis padres volvieron hacia la tienda en la que nos habíamos instalado con otros peregrinos no lejos de allí. Yo preferí quedarme dando vueltas alrededor del magnífico *stupa*. En uno de esos momentos volví a cruzarme con Ling Rinpoché. Me invadió un sentimiento

de gozo muy profundo, como si todos los temores que había
en el fondo de mí se hubieran desvanecido. Me sentía feliz y
cerca de él, y con un sentimiento muy profundo de respeto y
de deferencia. Quizá no era más que el efecto de mi temperamento todavía muy infantil. Igual que el oráculo de Gadong,
observó que hacía poco que yo estaba en la India y, poniendo
su mano derecha en mi cabeza para bendecirme, me propuso
continuar dando vueltas al *stupa* con él. Yo estaba encantado,
¡y todavía hoy me acuerdo de la emoción que experimenté en
ese momento! Me hizo mil preguntas sobre mi nacimiento,
sobre el Tíbet, sobre mi vida. Luego, se despidió prometién-
dome que nos veríamos pronto.

Mi vuelta a la tienda de mis padres tuvo lugar sin darme
cuenta, pues seguía en la atmósfera tranquila de su presencia.
Inmediatamente les conté lo que me acababa de suceder, pero
tanto mi padre como mi madre se quedaron muy dubitativos.
Hay que decir que yo era un niño que daba muestras de tener
mucha imaginación. No podía reprocharles el que fuesen un
poco desconfiados. Sin embargo, dos horas después, Tashi,
el servidor y asistente de Ling Rinpoché, llegó al campamen-
to para buscarme. La estupefacción de mis padres se leía en
su rostro, y supongo que se preguntaban lo que había podido
decir para que un maestro tan importante dijera a su asistente
que viniera en persona a nuestra modesta tienda para pedirme que fuera a verle a su casa.

Así pues, fui a su monasterio de Ganden Pelgyé Ling, es-
coltado por Tashi. Ling Rinpoché se hallaba cómodamente
sentado en un butacón, rodeado de sus ayudantes. Yo hice
las tres prosternaciones rituales ante él y me pidió que fuera
a su lado; retomamos nuestra conversación allí donde la habíamos dejado. Quería que le contara con todo detalle los recuerdos que tenía de mi vida en Phari, la huida, el exilio, la
vida penosa en las carreteras a gran altitud, todo lo que ha-

bía vivido en mi breve existencia. Todo eso le interesaba mucho; mostraba una gran satisfacción con nuestra conversación. Yo hablaba en el dialecto de Phari y mis expresiones y mi candor infantil lo hacían reír con toda el alma de vez en cuando. Aunque mi idea de la política era bastante vaga, me daba cuenta de que Ling Rinpoché se informaba también sobre nuestro país. Desde la Revolución Cultural, nadie tenía noticias del Tíbet, o estas eran tan escasas que no hacían sino aumentar nuestra inquietud. Todas las ocasiones eran buenas para saber cómo evolucionaba la situación.

Finalmente, yo le confesé mi deseo ardiente de llegar a ser monje, y la profunda emoción que experimentaba cada vez que veía una persona ordenada según las reglas del Buddha. Inmediatamente me propuso integrarme en su monasterio. Con todo lo que había deseado hacerme monje, ahora, con pocas semanas de distancia, se abrían ante mí las puertas de los monasterios, y eran abiertas por personajes excepcionales. Se lo agradecí a Ling Rinpoché y le conté mi encuentro con el Gadong Kuten y el compromiso que había adquirido. Al escucharme, su rostro se iluminó con una sonrisa magnífica; él estaba muy contento de saber que mi vida monástica se perfilaba ya. «¡Sea como sea –me dijo–, a menudo resido en Dharamsala, y te aseguro que volveremos a vernos!»

Volví a casa acompañado de Tashi, llevando orgullosamente una gran cesta bhutanesa que Ling Rinpoché había hecho llenar de frutos secos, pasteles y caramelos. ¡Yo me decía que las peregrinaciones tenían realmente algo maravilloso!

3. MONJE DE NECHUNG

En cuanto volví a Dharamsala a finales de año, me integré en el monasterio de Gadong. Nuestra vida, realmente, no se parecía a la que normalmente se desarrolla en un monasterio. Estábamos alojados en una casita de campo de estilo inglés, Nazara House, que era propiedad de unos indios a los que pagábamos un pequeño alquiler. Al amanecer yo me iba al monasterio de Nechung, que provisionalmente estaba en una casita a un kilómetro más o menos de Gadong.

En cuanto supe que Ling Rinpoché se encontraba otra vez en Dharamsala, fui a verlo para mostrarle orgullosamente que por fin había entrado en el monasterio. Lo único que sucedía era que ir allí entrañaba cierto peligro, ya que el sendero que permitía subir a su residencia pasaba por una zona en la que podía haber animales salvajes. De modo que pedí a una mujer que trabajaba en Gangchen Kyishong que me acompañase hasta allí. Ella aceptó a cambio de un poco de dinero.

Tashi, el asistente de Ling Rinpoché, no me reconoció; hay que decir que me había afeitado el cabello y que llevaba la túnica de monje. Cuando digo que llevaba la túnica, sería más justo decir que tenía sobre mí los vestidos de mi nuevo estatus, pues los pliegues no estaban hechos correctamente, y mi *zen*, ese gran chal con el que se cubre el hombro izquierdo, estaba puesto de manera bastante descuidada. Ling Rinpoché se hallaba cómodamente instalado en su terraza y me recibió con un estallido de risa; mi aspecto era evidentemente de lo más cómico a sus ojos. Me explicó cómo ponerme bien la ropa y cuando se dio cuenta, no sin sonreír una vez más, de que no llevaba el cinturón tradicional, y de que me había atado una *khata* –una bufanda de bendiciones- para sostener la ropa, pidió a un monje que fuera a buscar uno. El monje volvió con un largo cinturón naranja que pertenecía a Ling Rinpoché y éste me lo regaló. Mi nueva vida comenzaba con muy buenos auspicios. Poco después, en 1972, Ling Rinpoché fue mi primer abad y me confirió los votos de *guétsul*, de novicio; en ese momento, cambié de nombre: Kalsang Norbu se convirtió en Thubten Ngodup, nombre que todavía hoy tengo.

NECHUNG

Durante un año estuve yendo y viniendo entre Gadong y Nechung. Posteriormente, gracias a un acuerdo entre mis padres y el monasterio de Gadong, me integré completamente en el de Nechung. Perdía demasiado tiempo por la mañana y por la tarde, y el viejo oráculo de Gadong convino que las cosas serían más sencillas para mí viviendo en Nechung. Una vez más, mi vida cobraba una orientación singular. Niño en un Tíbet en el que mi vida parecía condenada a obedecer a hombres que, en nombre de su ideología, no habían hecho más que perjudicar a mis familiares y conocidos, ahora era monje e iba a entrar definitivamente en uno de los monasterios más venerados del Tíbet, el del oráculo del Estado, el Nechung Chökyong.

Orígenes antiguos

El nuevo monasterio de Nechung no era más que el pálido reflejo del monasterio del Tíbet. Solo seis monjes habían logrado huir y nosotros no éramos más que dos o tres monjes jóvenes; todo descansaba en ellos. El antiguo monasterio había sido uno de los más prestigiosos del País de las Nieves, aunque no hubiera sido el más rico, ni el más reputado por su nivel de formación espiritual, una parte de la cual se podía hacer en el gran monasterio vecino de Drépung. Su reputación se debía a sus orígenes, de los que hay varias versiones.

Una de ellas hace entrar en escena al gran maestro Padmasambhava. En el siglo VIII, en la época del emperador Trisong Détsen y de su sucesor, su hijo Mouné Tsenpo, las conquistas condujeron a los ejércitos tibetanos hasta el territorio de los bhata hor, un pueblo mongol que vivía entre el norte del Tíbet y el lago Baikal. Entre ellos vivía un dios protector extremadamente poderoso: Péhar, cuyo soporte vital era una máscara de cuero, una estatura de Tara hecha de turquesa, y una estatua de Chenrézi de nácar. Padmasambhava, en el Tíbet, percibió que Péhar sería el protector ideal para el monasterio de Samyé, que se hallaba en construcción; así pues, pidió que llevaran al Tíbet los objetos que constituían sus soportes vitales. De este modo, Péhar se instaló en Samyé, llamado también Nétchen, el "gran lugar".

Otra versión cuenta que en el siglo VIII, Bairotsana, el traductor, que era uno de los discípulos más famosos de Padmasambhava, pasó un día no lejos de allí donde, mucho más tarde, se construiría el gran monasterio de Drépung, junto a Lhassa. Para su gran sorpresa, vio muchas apariciones milagrosas alrededor de un árbol. Se lo contó a su maestro, quien declaró que el árbol era la residencia de Dorjé Dragden, el dios-ministro del poderoso dios protector Péhar, a quien había confiado la guarda del monasterio de Samyé recién construido. Predijo también que allí se construiría un templo en el futuro, para beneficio de todos los seres. Poco después, en tiempos de Mouné Tsenpo, hijo del emperador Trisong

Détsen, se construyó un templo para proteger el árbol. Así pues, en esa época había dos lugares muy vinculados entre sí espiritualmente: el "gran lugar", Néchen, para Samyé, y Nechung, el "pequeño lugar". Modesto por su tamaño, pero importante por su papel protector, el templo quedó a cargo de cuatro monjes que se hallaban bajo la responsabilidad del abad Ba Pelyang. Más tarde, se hizo traer de Samyé la estatua de Tara hecha de turquesa que se había traído desde el territorio de los bhata hor. La gente comenzó a llamar al lugar «el pequeño lugar (Nechung), adornado de pétalos de turquesa (Yulo Kö)». Todavía hoy, un pueblo cercano al monasterio lleva este nombre.

Un lama, un dios y una caja

Otra historia hace entrar en escena a uno de los personajes más destacados de la historia religiosa del Tíbet, Lama Shang Tsöndru Dragpa, que vivió en el siglo XII y fue el padre de uno de los grandes linajes tibetanos, los Tselpa-Kagyüpas. Cuando no viajaba, Lama Shang vivía en Tsel Gungthang, donde se habían edificado dos monasterios: primero Tsel Yanggön, en 1175, y luego Gungthang Tsuglagkhang, un poco más tarde. Ahora bien, un día fue a meditar a Samyé y a los diferentes lugares santos de los alrededores. Tuvo numerosas visiones de los distintos maestros fundadores del monasterio, y estableció relaciones especialmente intensas con el dios Péhar. Cuando volvió a su sede monástica, Péhar, o su ministro Dorjé Dragden, fue con él como protector suyo y de su monasterio.

Pero, se cuenta que bien pronto ni uno ni otro respetó sus compromisos, hasta el punto de que Lama Shang decidió simplemente desembarazarse de ese dios convertido en un estorbo, a pesar de que, en su fuero interno, lamentaba verse obligado a tal extremo. Así pues, realizó un ritual destinado a tranquilizar al dios y luego, después de coger los objetos que le servían de soporte, encerró todo en una caja y la lanzó al río Kyichu, que fluía no lejos de allí. En otra versión, no fue Lama Shang, sino uno de sus sucesores quien rompió con Dorjé Dragden en el siglo xv. De hecho, fue en esa época cuando las cosas cambiaron.

Así, después de Tsel Gungthang, no lejos de la orilla del río, junto a lo que no era más que el comienzo del monasterio de Drépung, estaba lo que se iba a convertir en el colegio Déyang, con un pequeño templo dedicado a las divinidades protectoras, de las que el abad era un religioso reputado, Chogpo Jangchub Palden. La práctica espiritual que había seguido con asiduidad y sabiduría durante muchos años había tenido como efecto desarrollar ciertos poderes psíquicos, entre otros la clarividencia. Jangchub Palden, cuya pureza espiritual era famosa, vio lo que hacía el lama de Tsel Gungthang; inmediatamente, convocó a su ayudante para decirle:

«Mañana, a primera hora, irás a las orillas del Kyichu y verás flotar una caja. Agárrala y vuelve con ella».

De modo que, al día siguiente, por la mañana, sin hacerse demasiadas preguntas, el asistente acudió a la orilla del río. No tuvo que esperar mucho tiempo. ¡Cuál no sería su asombro al ver flotar la caja como su maestro había predicho! La cogió y volvió sobre sus pasos hacia el pequeño templo. No obstante, a medida que caminaba, la caja le pareció cada vez más pesada, y se volvió tan pesada que al cabo de un rato, cuando llegaba al lugar llamado Yulokö, se vió obligado a detenerse para retomar fuerzas. La dejó a un lado y se sentó, apoyándose en una gran roca, exclamando: «*¡Lama khyeno!*», "¡Que el maestro me reconozca!", expresión corriente

en el Tíbet, algo parecido al "¡Dios mío!" de los occidentales. Mucho después, la frase "*Lama khyeno*" apareció espontáneamente en relieve sobre esa roca. Desgraciadamente, durante la Revolución Cultural, fue dinamitada, lo que la redujo
quizás a dos tercios.

Ese monje era muy curioso, y miraba esa caja, cuando
menos extraña, preguntándose qué podría contener que fuera tan importante como para que su maestro quisiera verla. El
hecho de que su peso hubiera cambiado a medida que la llevaba le inquietaba un poco y todavía se extrañó más cuando, queriendo proseguir su camino, se vio incapaz de levan-
tarla. No dudó durante mucho tiempo y, después de haber
lanzado una ojeada a derecha y a izquierda, la abrió. Se llevó la sorpresa de ver que con el traje del dios no había más
que una simple paloma que se escapó inmediatamente, vo-
lando hacia un árbol en el que se posó antes de fundirse en
él. Avergonzado de haber transgredido las órdenes del lama,
volvió a verlo y le confesó toda la historia. Chogpo Jangchup
Palden esperaba a su ayudante con ofrendas que le había preparado para celebrar un ritual destinado a recibir al dios que
la caja encerraba y que esperaba ver convertido en el protector de su monasterio. No estuvo nada contento de escuchar el
relato y comentó el asunto diciendo que el árbol en el que el
dios transformado en paloma había desaparecido era un lugar
(*né*) demasiado pequeño (*chung*) para él. Así pues, hizo construir un templo donde estaba el árbol, que se había convertido
en el soporte de la energía vital del dios. El lugar recibió, naturalmente, el nombre de "pequeño lugar", Nechung. El árbol, hoy seco, todavía puede verse en el templo principal del
monasterio.

UN PROTECTOR PODEROSO, DORJÉ DRAGDEN

Hay todavía otras versiones respecto a la fundación de Nechung que pueden leerse en algunos libros o que se han transmitido mediante tradición oral, pero todos introducen los mismos elementos: la antigüedad del lugar y el papel esencial de los dioses protectores en su creación, especialmente de Péhar y de Dorjé Dragden.

Dominado mediante la astucia

El dios Péhar es un *chökyong*, un protector (*kyong*) de la enseñanza dada por el Buddha (*chö*). Una vez llegado al Tíbet, se comprendió enseguida que su potencia podía perjudicar a todos si Padmasambhava no lo sometía. El asunto no fue tan fácil. Se cuenta que este gran maestro tuvo que ser muy hábil, pues abordar a Péhar de frente parecía algo condenado al fracaso. Había que encontrar una manera de hacer que perdiese su fuerza distrayéndolo. Padmasambhava hizo fabricar una reproducción del monasterio de Samyé, muy atractiva, con el fin de seducir al poderoso dios guerrero.

Despistado por la contemplación de la maqueta minuciosamente construida, el dios cayó en la trampa que se le había tendido y Padmasambhava, aprovechando ese momento de debilidad, consiguió someterlo. Entonces le hizo prestar juramento: el monasterio de Samyé estaría bajo su protección, igual que la propagación de la enseñanza, a medida que ésta se expandiera por el Tíbet. Instalado en un templo de Samyé, junto a otras divinidades protectoras, Péhar obró del modo acordado, permitiendo la preservación del budismo.

Hay dioses y dioses

Desde un punto de vista buddhista, existen varios tipos de "protectores" de la enseñanza. Representados siempre con una forma terrorífica, rodeados de llamas, a veces bañados en un mar de sangre o pisoteando cadáveres, ellos constituyen ciertamente los aspectos más desconcertantes de la iconografía buddhista para quienes no conocen sus claves. Estos protectores pertenecen a dos grandes familias. En primer lugar, están los que son expresiones del espíritu totalmente emancipado de las causas de las condiciones de la existencia y no se identifican con un "yo"; no son, en cierto sentido, más que facetas de una actividad particular del estado de buddha. Y están los protectores llamados "mundanos"; en su caso, todavía existe una forma de creencia en un "yo". Péhar pertenece a esta última categoría. Gracias a Padmasambhava, él y otros han puesto su poder al servicio de la enseñanza, en lugar de perjudicar a otros. Pero hay que recordarles regularmente su compromiso y mostrar un gran respeto hacia ellos, sin lo cual podrían volverse atrás respecto a la palabra dada. Por ello, cada año del Mono, se los convoca solemnemente para renovar su juramento de fidelidad. De ahí proceden también los templos que se les dedica.

Como todos los grandes dioses de ese tipo, Péhar tiene, desde cierto punto de vista, su propia corte, sus "ministros", sus "servidores", los cuales realizaron también un juramento de fidelidad a Padmasambhava para proteger la enseñanza del Buddha. En realidad, Péhar corresponde a los "cinco reyes", cada uno perteneciente a uno de sus aspectos: cuerpo, palabra, mente, actividad, cualidad. Su principal "ministro" es Dorjé Dragden, que representa la energía de la palabra. Eso no lo hace ser menos importante que Péhar; en cierto modo, es su intercesor y fue Dorjé Dragden quien fue conducido a Nechung. En su calidad de emisario plenipotenciario, Dorjé Dragden no se distingue de Péhar, su mente es indisociable de éste. Manifestación de la palabra del dios, posee en sí todas sus otras facetas. Para simplificar, es una costumbre considerar a Dorjé Dragden como la expresión más general de Nechung Chökyong, el protector de la enseñanza de Nechung.

El protector de los Dalai Lamas

Guendün Gyatso, el segundo Dalai Lama (1475-1542), tuvo varias visiones de Péhar y estableció vínculos personales con él, y el dios aceptó ser su protector. A continuación, el maestro le pidió que fuera también el protector del monasterio de Drépung, recién construido (1416) junto al viejo templo del terrible dios. De allí nacieron las relaciones que existieron entre Dorjé Dragden y los Dalai Lamas y que nunca se han desmentido. Con el paso del tiempo, mientras que Drépung se convertía en una verdadera ciudad monástica, Nechung, escondido en medio de un agradable bosquecillo, seguía desarrollándose modestamente, pero siempre rodeado del mismo respeto.

Fue sobre todo en la segunda mitad del siglo XXVII cuando Nechung tuvo su auge. En el siglo XVII, el linaje Gelug subió al poder gracias al apoyo de los ejércitos mongoles como resultado de un largo período de conflictos entre los linajes religiosos del país. En 1642, el advenimiento del quinto Dalai Lama, Ngawang Lobsang Gyatso (1617-1682), marcó el fin de las grandes batallas y el retorno a la unidad. Sobre todo, Dorjé Dragden cambió de estatuto. El gobierno inicial del linaje Gelug se hallaba en el monasterio de Drépung y, al convertirse en jefe del Estado, el quinto Dalai Lama dio al protector una dimensión y una responsabilidad mucho mayores que las que había tenido hasta ese momento. Dorjé Dragden debía, a partir de ahora, garantizar la protección de los Dalai Lamas, del Gobierno, y por consiguiente, del Tíbet en general. Otra deidad, Palden Lhamo, fue encargada de la protección del Tíbet exclusivamente. Desde entonces se evocó el Tíbet como un país bajo el buen control de los protectores negro (Palden Lhamo) y rojo (Dorjé Dragden), en referencia al color dominante de sus representaciones. Nechung se convirtió en un lugar todavía más respetado.

Cuando, en los años siguientes, se construyó el palacio de Potala para alojar a la vez la residencia del Dalai Lama y a los principales servidores gubernamentales, el protector de Nechung siguió siendo el protector del Estado. Desde entonces, un médium, el Nechung Kuten, es decir "el soporte físico" de Nechung, permite, durante sus trances, recoger las opiniones y los consejos del dios. Pero, teniendo en cuenta el hecho de que el dios no es espiritualmente libre, en ningún caso se toman sus consejos al pie de la letra. No son más que un elemento entre otros que permiten tomar una decisión.

A petición de los mongoles, el Dalai Lama había adoptado un sistema de regencia. Por iniciativa suya, el segundo regente, Trinlé Gyatso (1660-1668), ordenó establecer los fundamentos de un nuevo monasterio que estaría más en relación con la importancia del lugar, pero que bajo el reinado del regente Sangyé Gyatso (1679-1703) cuando Nechung cobró auge durante unos trabajos de gran alcance (1681-1683). En ese momento fue cuando Nechung tomó el nombre que desde entonces es el suyo: Nechung Dorjé Drayang Ling, "Nechung, el jardín del sonido melodioso del *vajra*", la dimensión indestructible y fulgurante del espíritu. Ese regente, que era un hombre de asombrosa erudición y de espíritu muy fino, confirmó al dios en su papel de protector.

Un monasterio abierto

Péhar tuvo progresivamente varias moradas: la principal fue Nechung, mientras que en Samyé el protector Tséumar desempeñaba un papel más importante; fue el protector también de Tsel Gungthang, la antigua residencia de Lama Shang. Se convirtió en el protector de Méru Nyingba, y fue entonces, en la época del quinto Dalai Lama, cuando se fijó la residencia en Lhassa del Nechung Kuten. Durante grandes ceremonias en las que se recurría al médium, unos monjes de Nechung venían en procesión hasta Méru Nyingba para invitarle. Este monasterio es muy especial y, en un sentido, indisociable del de Nechung. Es uno de los lugares buddhistas más antiguos del Tíbet. El primer gran emperador, Songtsen Gampo, en el siglo VII, hizo construir allí un pequeño templo, y la tradición cuenta que fue allí donde su ministro Thönmi Sambhota terminó de poner a punto el alfabeto tibetano que había inventado a partir de un alfabeto indio. La otra particularidad de ese monasterio, como del de Nechung, es que está afiliado a lo que se llama *saguénying soum*, es decir, a tres (*soum*) grandes linajes espirituales: el Sakya, el Guelug y el Nyingma-kagyü.

Que varias filiaciones religiosas se hallen representadas en un solo monasterio sigue siendo un caso bastante excepcional. A pesar de las apariencias creadas por los lazos entre Dorjé Dragden y los Dalai Lamas, Nechung es un lugar muy unido al linaje Nyingma. Esto no fue cuestionado por el quinto Dalai Lama, quien, sin embargo, ofrecía un acceso al poder para el linaje del cual era el miembro más influyente. Al contrario, mantuvo relaciones espirituales muy profundas con grandes maestros de la escuela antigua y no hizo nada para cambiar la primera afiliación de Nechung.

Organización antigua

El número de monjes se incrementó. De cuatro que había en tiempos de Chogpo Jangchup Palden, pasaron a ser 50, y luego, 101 bajo el reinado del decimotercero Dalai Lama. La organización interna fue ganando precisión con el tiempo. En la cima se hallaba el que había sido médium de Dorjé Dragden –el Nechung Kuten–, que tenía rango de abad; luego Nechung Rinpoché (a partir del siglo XIX), y después venía el que llevaba el título de Nechung Dépa y que hacía de responsable administrativo.

Estos tres personajes estaban instalados o eran reconocidos en sus funciones por el Gobierno del Dalai Lama. Los tronos ocupados por el *kuten* y por Nechung Rinpoché eran, y son todavía, de la misma categoría, pero Nechung Rinpoché no se ocupaba de los asuntos del monasterio más que cuando el *kuten* estaba ausente. El Nechung Dépa no tenía más que un rol administrativo y no se ocupaba para nada de asuntos religiosos. Detrás de ellos venían los que dirigían la estructura monástica propiamente dicha:

–el *dorjé lobpön*, el maestro-*vajra* que supervisaba todo lo relacionado con los rituales y las transmisiones espirituales;

–el *chötrimpa guékö*, el maestro de la disciplina, que se encargaba del respeto a las reglas monásticas;

–el *umdzé chenmo*, el gran maestro de canto, que dirigía los rituales con un gran conocimiento de los menores detalles (especialmente de los textos, el canto y la música);

–el *chöpön*, el maestro de las ofrendas y de los preparativos rituales, que tenía la responsabilidad de las ofrendas y de las diversas representaciones necesarias para los rituales y las ceremonias;

–finalmente, estaban los asistentes y los secretarios del *kuten*, del Dépa, etcétera.

El nuevo monasterio

Como he dicho, solo seis monjes llegaron a huir en 1959, y un puñado sobrevivió en el Tíbet en condiciones muy duras. Nechung fue parcialmente destruido y convertido en almacén agrícola; su claustro, en corral de granja y los tesoros que contenía fueron saqueados en su mayor parte.

Thubten Phuntsog, nuestra memoria viva

La herencia que pesa sobre los hombros de algunos monjes que llegaron a India era, pues, muy pesada. Inmediatamente me di cuenta de que uno de ellos mostraba una energía y un carácter admirables: el maestro-*vajra* Thubten Phuntsog.

Verdaderamente, él era la memoria de Nechung y hoy en día se puede decir que ha sido la fuerza viva que ha permitido al monasterio atravesar la prueba del exilio. Nacido en 1920 en la región de Lhassa, se unió a Nechung en 1930 y recibió sus primeros votos monásticos un año después, de Su Santidad el decimotercer Dalai Lama. En un primer momento tuvo como monje tutor al maestro de canto de Nechung, pero después, en 1939, encontró a Shugseb Jétsünma Lochen Chönyi Zangmo, una mujer extraordinaria que se convirtió en su "maestro-raíz", es decir, aquél que permite alcanzar las más altas realizaciones.[1] Por otra parte, recibió enseñanzas de un gran erudito del monasterio de Drépung, lo cual completó todavía más su formación espiritual, que ya era muy grande.

Este hombre fue notable desde todos los puntos de vista. En primer lugar, sin duda alguna, por su erudición y su amplio conocimiento de todo lo que constituía la especificidad

---

1.   Véase p. 85 y siguientes.

espiritual de Nechung, lo que lo llevó a ser nombrado maestro-*vajra*. Era también el ayudante del Nechung Kuten. Al comienzo, esto no significaba nada para mí, pero muy pronto comprendí que, si bien Nechung tenía un lama reencarnado como dirigente, Nechung Rinpoché, el Nechung Kuten tenía una importancia todavía mayor.

Thubten Phuntsog puso rápidamente todo en marcha para mantener las especificidades de Nechung. Ya mi maestro Thubten Sönam[2] había traído del Tíbet los textos más importantes del monasterio, luego llegó exiliado Thubten Trinlé, un monje de Nechung, de origen nepalí, que pudo escapar con una estatua del protector muy antigua y muy valiosa. Con ellos tres, los fundamentos de Nechung estaban listos para ser reavivados.

A menudo resulta difícil imaginar lo que fue la vida de los primeros refugiados. Ciertamente, la India y el Gobierno tibetano en el exilio aportaron una ayuda inestimable; pero estaba todo por hacer, por construir, por preservar. Nuestra identidad espiritual no ha podido mantenerse más que gracias a la bendición de los Buddhas y de los protectores de la enseñanza; sin embargo, sin la valentía de algunos, toda esta ayuda espiritual habría tenido muy poco efecto. Thubten Phuntsog, como otros, desempeñó un papel de guardián fundamental, permaneció fiel y con una perseverancia a toda prueba. Esto fue posible por su inmensa devoción hacia nuestro protector Dorjé Dragden, sobre quien se apoyó como se puede apoyar uno en una roca inquebrantable.

En un primer momento, nuestra pequeña comunidad alquilaba una casa que hacía las veces de monasterio pero, paso a paso, obtuvimos un terreno cerca de la Biblioteca de Obras y Archivos Tibetanos, en Gangchen Kyishong, y en 1977 co-

---

2.   Véase p. 88 y siguientes.

menzaron las primeras obras para hacer salir de tierra el edificio destinado a albergar a los monjes. Apoyados por algunos laicos, nos convertimos en obreros, en carpinteros, en cavadores. Lentamente, a medida que nos llegaban donaciones, la construcción cobró forma y en 1979 el edificio estaba acabado. La construcción del monasterio propiamente dicho y del templo comenzó un poco más tarde, en 1981, para terminar en 1984. Un año después, el 31 de marzo de 1985, Su Santidad el Dalai Lama vino a inaugurarlo oficialmente.

Una mujer extraordinaria

Entre los maestros de Thubten Phuntsog se encontraba Jétsünma Lochen Chönyi Zangmo. He de decir algunas cosas de esta mujer, ya que se conocen pocas mujeres del budismo tibetano; sin embargo, a menudo ellas son muy importantes, y algunas son absolutamente notables. Era su caso.

Muy pronto, Jétsünma Lochen, como se la llamaba más habitualmente, encontró una *délog*, una "que ha vuelto", una mujer que había permanecido en estado de muerte aparente y que había regresado a la vida. Había aprendido muchas canciones de ella, que evocaban la naturaleza del espíritu y el carácter ilusorio de la vida y de la muerte. A continuación –no era más que una niña-, viajó de pueblo en pueblo, enseñando el *mani*, el *mantra* de Chenrézi por allí por donde pasaba. Con el tiempo, encontró a maestros espirituales muy grandes y ella misma se convirtió en una practicante veterana y respetada. A su vez, conoció un estado similar a la muerte: durante tres semanas se quedó tiesa como un cadáver, y solo la región del corazón conservaba un poco de calor. Al volver a la vida, recordó todo el proceso post mortem y las visiones que había tenido de los lugares espirituales en los que había estado.

Su fama no hizo más que crecer. Instalada en el viejo monasterio de Shugseb, al sur de Lhassa, se la consideraba una
de las raras personas que había realizado la naturaleza del espíritu "en un cuerpo y en una vida", es decir, que había alcanzado el estado de buddha. Experta en la práctica de *Chö*, la
misma práctica que mi padre dominaba tan bien, su sabiduría
hizo que pronto tuviera a grandes maestros entre sus discípulos. Sobre todo, ella hizo todo lo posible para desarrollar un
linaje femenino de transmisión, tanto en el sistema monástico como en el de las practicantes laicas.

Thubten Phuntsog tuvo la gran suerte de estar entre sus
discípulos y recibió de ella profundas enseñanzas del linaje
Nyingma.

FORMACIÓN Y VIDA COTIDIANA

Mi formación inicial no ha sido muy académica. La infraes-
tructura del monasterio era muy escasa. No éramos, en realidad, más que una decena de monjes que preparábamos la cocina juntos.

Comer

Generalmente, los novicios, los monjes totalmente ordenados, los responsables... cada grupo comía por su cuenta. No
era nuestro caso, y esto tenía la ventaja, para todos los novicios, de ponernos en contacto regular con los monjes más ancianos y más sabios. Equipos de dos monjes se encargaban
por turnos de preparar las comidas. Los días que estábamos
de servicio, mi compañero de equipo, Kusho Jigmé, y yo íbamos juntos al bosque a buscar la madera para avivar el fuego

de la cocina. Luego, uno de los dos iba a buscar agua, mientras el otro iba a comprar legumbres al mercado.

Bordar

Los rituales y el aprendizaje de los textos se hacían en dos momentos del día, por la mañana y por la tarde. Nuestro tiempo libre lo pasábamos bordando durante muchas horas. En efecto, con el exilio, a los monasterios se les había planteado un serio problema. En el Tíbet, desde el más pequeño hasta el más grande, todos poseían tierras y, a veces, hacían negocios; podían contar con campesinos o nómadas que trabajaban para ellos. Algunos monjes podían también tener responsabilidades de orden económico fuera de los muros. Además de estos ingresos básicos, agrícolas o comerciales, que permitían tener el mínimo para vivir, algunos monjes, procedentes de familias más acomodadas, eran ayudados y recibían alimentos, ropa nueva hecha de tejidos de calidad, etc. Además, y esto podía constituir un aspecto económico muy importante, los monasterios tenían donantes, algunos de los cuales, muy ricos, podían hacerse cargo durante un tiempo, por ejemplo, de todas las necesidades alimenticias del monasterio.

Todo eso ha desaparecido con el exilio: los monasterios, tan importantes en nuestra cultura, se han encontrado sin recursos, excepto algunas ayudas y algunas donaciones. En la India, el bordado se ha convertido en una de nuestras principales fuentes de ingresos. Por tanto, pasábamos muchas horas bordando colchas, almohadas o manteles. Se los vendíamos a una francesa a la que llamábamos cariñosamente Ama (Madre) Efung.

Thubten Phuntsog era también en eso indispensable, pues

era quien nos enseñaba a bordar y a cocinar. Puede que se sorprendan de ver a monjes que bordan. Hay que saber que en el Tíbet había una larga tradición de bordado. Los vestidos religiosos de etiqueta, algunos trajes de gala de danza sagrada, pero también algunos *thangkas* –las representaciones de los distintos aspectos de Buddha- están bordados y, si todos los monjes aprenden habitualmente a coser, los más hábiles con la aguja aprenden a bordar. Nechung era famoso en todo el Tíbet por la gran calidad de sus delicados bordados. El venerable Thubten Phuntsog era un ejemplo de estos monjes bordadores, y cada día yo descubría un poco más la amplitud de su saber, el cual iba desde recetas de cocina hasta las explicaciones más complejas acerca de las meditaciones que ponen en funcionamiento las energías sutiles que irrigan el cuerpo, pasando por el modelado y los comentarios sobre los diferentes puntos de vista en cuanto a la naturaleza de la mente.

Thubten Sönam, un maestro poco convencional

Uno de mis maestros se llamaba Thubten Sönam. Su familia era tibetana, pero él había nacido en Darjeeling, en Bengala Occidental, lo que le había valido el apodo de Kusho Gyakarla, el "monje indio". Ese hombre había hecho un recorrido muy especial, pues había sido militante de la causa independentista india conducida principalmente por el Mahatma Gandhi. Después de sus estudios se había unido al monasterio de Nechung, donde su conocimiento del hindi, del ingles, del nepalí y, claro está, del tibetano, lo llevó a servir de intérprete cuando el Nechung Kuten recibía en Lhassa a delegados de las misiones que Gran Bretaña enviaba. Poco a poco, sus competencias hicieron que ocupase diversas funciones importantes: tesorero, maestro de disciplina, maestro de ofrendas, ayudante del maestro-*vajra*. Además de esas funciones, por las que gozaba de un cierto prestigio, era muy conocido en Nechung por haber introducido allí el uso del té a la inglesa, con leche y azúcar. Hacía traer té de Darjeeling para que el *kuten*, que apreciaba mucho esa mezcla, pudiese tenerla en el monasterio. Se convirtió casi en una tradición, pues cuando se abrió el nuevo monasterio en la India, se continuó haciendo té endulzado con leche. A mí mismo me encantaba, e inmediatamente lo adopté.

Cuando la población de Lhassa se levantó contra la presencia china en 1959, Thubten Sönam fue detenido y puesto en residencia vigilada. Su situación, dramática al comienzo, conoció un resultado positivo. Como había nacido en Darjeeling, era súbdito indio y cuando, en 1960, los bhutaneses, los indios y los nepalíes fueron expulsados, fue llevado a la frontera y pronto se integró en el nuevo Nechung, donde retomó sus funciones. Como era el mayor de todos, no tardó en jubilarse; a partir de ese momento llevó una vida ordinaria.

A pesar de ser ordinario, su estilo de vida era bastante original. Vivía en la mayor simplicidad y la celda que ocupaba no tenía más que una imagen del Buddha pegada en la pared a modo de altar. Incluso para las ofrendas, siempre buscaba la simplicidad y no tenía más que una cubeta que llenaba de agua clara todas las mañanas y vaciaba por la tarde después de su última sesión de meditación. Utilizaba ese agua para beber. Esto no era nada ortodoxo porque, normalmente ,se dispone de una lámpara y un mínimo de siete tazones delante de las representaciones del Buddha, tazones que simbolizan ofrendas de agua lustral, de agua para beber, flores, incienso, perfumes y música. Éramos todos muy pobres, de ahí que yo imaginase que recuperando botes de confitura podría hacer ofrendas más tradicionales. Su respuesta fue muy clara: «¡Poco importa, todo eso es totalmente inútil! ¡Lo más importante es hacer las ofrendas con toda la fuerza de la mente y del corazón, sin apego a nada material!». De ese modo no tenía apegos a nada material.

Cada mañana, se levantaba muy pronto para rezar y meditar; luego, tras un desayuno frugal, cogía su mochila y se iba a caminar. A menudo, llegaba hasta Kachari, situada en la ciudad baja, luego volvía para la comida. Después de una pequeña siesta, volvía a caminar, recorriendo a grandes pasos los caminos que hay entre Bagsu Nath y McLeod Ganj. Finalmente, hacia las cuatro, volvía al monasterio, cenaba hacia las cinco y media y se acostaba una hora después.

Para muchos, Thubten Sönam estaba loco, al menos tenía la mente un poco trastornada. Es cierto que su comportamiento resultaba chocante. Por ejemplo, iba regularmente al mercado con paso decidido y una vez en el lugar, se paraba bruscamente, giraba hacia las cuatro direcciones mascullando algo y luego regresaba con paso resuelto. Como era uno de mis instructores y, a pesar de mi corta edad y mi falta de conocimientos, adivinaba que tenía una profunda sabiduría y una gran erudición, no compartía el punto de vista de los otros. Así que un día me arriesgué a hablarle de esas extrañas idas y venidas al mercado.

–Venerable, el otro día, lo ví partir hacia el mercado –me atreví a decirle–. Pero, en lugar de comprar algo, os detuvisteis de pronto a medio camino, mirasteis en las cuatro direcciones y luego disteis media vuelta. Se dice que hacéis eso bastante a menudo y, muy venerable, yo no llego a comprender. ¿Por qué actuáis así?

A pesar de todos los giros honoríficos que empleaba, yo sabía que mi pregunta era de una gran descortesía... no se pregunta tan directamente a uno de sus maestros las razones que le impulsan a actuar de tal o cual manera. Esperaba una respuesta áspera.

–¡Sois como niños! –dijo con el movimiento de cabeza de alguien que está desanimado–. ¡No entendéis nada! Voy al mercado para recitar allí una plegaria de ofrendas y ofrecer todo lo que veo a los Buddhas, para que todo sea beneficioso tanto para los vendedores como para los que compran. ¡Yo no tengo nada que comprar en el mercado!

Enseñanza en el cine

Como él hablaba hindi, le gustaban mucho esas películas indias en las que el guión mezcla, sin moderación, cantos y danzas para contar historias en las que los malvados son viles y pérfidos, los buenos son sus víctimas, pero cuyo final siempre es feliz. A veces, me llevaba con él a las salas abarrotadas, en las que el espectáculo era tanto la pantalla como el público. Cada uno decía lo que le parecía, los triunfos sobre los malos eran aplaudidos, la gente cantaba las canciones de las películas más conocidas... Eso me permitía recibir una enseñanza sobre la mente. Podría formularse así: «Cuando se ve una película, no deberíamos entusiasmarnos con la belleza del héroe o de la heroína. Por el contrario, deberíamos mirar la película muy atentamente, con una mirada espiritual, y ver la naturaleza ilusoria y efímera de los fenómenos. De ese modo puedes mirar la película y profundizar en la comprensión de la realidad». De esa manera, ponía a mi alcance una enseñanza del Buddha que dice:

«Contempla todos las cosas compuestas, como una estrella, igual que una aberración visual, una lámpara que arde, una ilusión, el rocío, una burbuja, un sueño, un relámpago o una nube».

Thubten Sönam era, pues, un maestro poco convencional.
Cuando venían algunos tibetanos a vernos para pedirnos una
oración particular, era costumbre hacer para ellos una *torma*,
una especie de pastel de ofrenda hecho de *tsampas* y decorado con mantequilla, que se ofrecía durante un ritual que res-
pondía a su petición. Las oraciones duraban, en ese caso, un
día entero, de manera absolutamente sistemática, con las músicas, la recitación de *mantras*, las repeticiones de alabanzas,
etc. Con él, las cosas eran lo más simples posibles. No conservaba el texto más que en las partes esenciales, resumía las
otras, y el ritual no duraba más que una mañana. A mediodía
todo había terminado. En cuanto a la *torma*, también era lo
más breve posible: algunos dulces consagrados bastaban. Él
prefería los rituales más cortos, las oraciones más simples.
Pocos monjes comprendían su manera de actuar.

LA MUERTE DE MI PADRE

Tal como lo habían decidido, mis padres habían abandonado esa vida difícil en las canteras de la construcción de carreteras de altitud. Yo estaba en el monasterio y mi hermano
se había enrolado en el ejército indio a pesar de sus reticencias. Como muchos jóvenes tibetanos, Penpa Tashi se había
unido a los batallones de las fuerzas especiales de la frontera, el 22º Establishment creado en 1963, al día siguiente de
la guerra fronteriza con China de 1962. Estacionados en el
Himalaya, en la frontera indo-tibetana, su papel era garantizar la seguridad y la integridad del territorio. Irse del propio
hogar para no ser una carga, irse para luchar con los chinos,
para ganarse la vida, a los jóvenes no les faltaban motivacio-
nes para abandonar el hogar familiar. En el caso de mi hermano, las razones eran simplemente económicas; se había

enrolado, pues, a pesar de tener que enfrentarse con mis padres, quienes, en nombre de la no-violencia proclamada por el Buddha, no veían bien que su hijo se fuera a aprender a luchar y a matar. Comprendieron que no podrían convencerlo, así que no se opusieron mucho a su decisión.

Partir hacia Bhután

De cualquier modo, eran más libres en sus movimientos. Como conocían ya bastante bien la región de Manali después de haberla recorrido para unirse a las canteras, decidieron instalarse allí como agricultores. Esta experiencia no duró mucho. Ahora es bien sabido que el budismo tiene como uno de sus principios fundamentales el no perjudicar a otros y respetar la vida bajo todas sus formas. Ahora bien, ser agricultor significa matar insectos durante la labranza, al sembrar, en la recolección o la cosecha, aunque se tenga cuidado. Era demasiado para mi padre, así que decidió parar todo. Siguiendo los consejos de mi tía Acha Bumdro, la especialista en tricotar, durante un invierno vendieron jerseys de lana, pero al verano siguiente estaban de vuelta en Dharamsala.

Con la edad, el alejamiento de su país les pesaba cada vez más. Cuando nos veíamos, a menudo hablaban con mucha nostalgia del Tíbet, de Phari, y descubrí lo que no hacía más que sospechar cuando era niño: la angustia terrible, la permanente inseguridad y el miedo que habían conocido, especialmente al comienzo de la Revolución Cultural. Como les estaba prohibido entrar en el Tíbet, en 1972 se prepararon para instalarse en Bhután. Mi padre tenía cincuenta y cinco años, y sin duda presentía su fin. Los pasos eran extremadamente largos para obtener un visado para el pequeño reino. A pesar de la ayuda que mis padres habían pedido a la familia lejana que teníamos allá, sabían que necesitarían tener paciencia.

Incluso en los períodos más difíciles de su vida, mi padre había mantenido su mente "mirando hacia el Dharma", es decir resueltamente absorto en un camino espiritual. Sacó partido de la espera del visado, cuya obtención estaba prevista para el mes de diciembre de 1973, para empezar una práctica intensiva de meditación. Toda su provisión era un termo de té, un paquete de *tsampas* y maíz, y con eso se iba todos los días al bosque, cerca del cementerio de Forsyth Ganj, donde vivía entre los monos. Se ganó una cierta reputación entre los indios, quienes lo apodaron Bhandar Baba, el ermitaño-mono.

Un practicante auténtico

Finalmente, cuando el Gobierno de Bhután le concedió el visado, mi padre comenzó los preparativos para la partida. Desgraciadamente, su corazón cesó de latir dos semanas antes del día tan esperado. En Dharamsala, se habían creado asociaciones de solidaridad que unían a los tibetanos en función de su lugar de origen. Los miembros de la Asociación de Amigos de Phari se relevaban junto a su lecho de muerte y nosotros, en el monasterio de Nechung, organizamos una bella y conmovedora ceremonia de ofrendas. Cuando volví a casa de mis padres, encontré a mi padre sentado en el suelo, en la postura del loto, erguido, recitando oraciones en voz apenas audible. Su agonía duró poco tiempo. Lo velé toda la noche, acompañándolo con mis oraciones. Por la mañana, estaba delirando. Por la tarde, respiraba con dificultad, y mi madre y yo comenzamos a velar de nuevo.

Como él ya no podía hablar, me hizo una señal para pedirme que cogiera uno de sus libros de oraciones y le leyera. Comencé la lectura, pero para facilitar su tránsito al más allá, que yo sentía que era inminente, tomé la iniciativa de ir a un templo para hacer una ofrenda de luz. Cuando volví, había muerto.

Mi madre estaba hundida, y sus amigos, temiendo que también yo me pusiera a llorar junto a mi padre, me pidieron amablemente que me alejara. Hay que saber, en efecto, que desde el punto de vista buddhista, la muerte es un momento esencial para reconocer la naturaleza de la mente. Si hay demasiada tristeza alrededor del cuerpo de quien acaba de fallecer, eso puede suscitar en él cierto apego y disminuir sus posibilidades de liberarse del ciclo de nacimientos y muertes. Es natural llorar y sentir una pena muy viva, pero si no se puede evitar estando a su lado, es preferible abandonar la habitación para dar rienda suelta a su pena. Insistí tanto que se resignaron a dejarme entrar. Mi pena era inmensa; mis padres eran todo para mí, habíamos vivido muchas cosas intensas juntos, y la muerte de mi padre, cuando no era en realidad más que un niño, ponía fin a este universo hecho de certezas. En ese instante comprendí hasta qué punto estábamos unidos. Una vez a su lado, retomé la lectura del texto sagrado allí donde lo había dejado.

Murió en la postura en la que lo había visto justo después de su infarto, sentado en la postura del loto. Permaneció así durante tres días. Cuando yo ingresé en el monasterio de Nechung, él dijo a Kalsang, el monje que iba a ser mi profesor en el estudio de los textos sagrados: «Les dejo a mi hijo, ya verá como un día será muy útil al monasterio». Esta predicción y las condiciones de su muerte muestran que Jamyang Kunzag, mi padre, era un practicante auténtico. Él había expresado el deseo de ser incinerado en el cementerio en el que iba a meditar. Hicimos sus voluntades. La Asociación de Amigos de Phari se encargó de reunir los materiales necesarios para la cremación, y por la mañana, a la hora propicia, previamente indicada por un astrólogo, su cuerpo dejó la habitación. Unos monjes del monasterio de Gyuto comenzaron el ritual funerario a la hora determinada también por el astrólogo y, cuando todo terminó, dispersaron sus cenizas en la pequeña corriente de agua que bordeaba el cementerio.

La fuerza de mi madre

Kyizom, mi madre, no fue a vivir a Bhután, sino que se quedó en Dharamsala, en una pequeña casita que estaba más abajo del TIPA, en el Instituto Tibetano de Artes Escénicas. Sobrevivió vendiendo los jerseys que hacía; tenía un emplazamiento a cielo abierto en Kangra, a dos horas de camino de su casa. Yo no estaba lejos y la veía regularmente y, para acudir en su ayuda, mi hermano Penpa Tashi fue autorizado a dejar el ejército. Se casó y se instaló con su mujer en casa de mi madre, y vivieron de los modestos ingresos del pequeño comercio de las prendas de punto. Posteriormente, mi hermano tuvo tres hijos, dos niñas y un niño, de los que ella se ocupaba mientras mi hermano y mi cuñada ganaban algo para que toda la casa pudiera comer.

Esta mujer siempre fue para mí un ejemplo de valentía y de simplicidad. Tenía un corazón muy grande y sabía ofrecerse para lo que fuera necesario en cuanto podía hacerlo. Como era analfabeta, había tenido que desarrollar una memoria muy grande para memorizar las oraciones que deseaba aprender de mi padre. Todos los días rezaba, y su mente estaba también "dirigida hacia el Dharma".

En el monasterio, la experiencia de la muerte me ha golpeado vivamente. Ciertamente, todos los monjes se habían codeado con la muerte, en el Tíbet, durante su partida al exilio, o en la India. Ciertamente, la muerte y, más generalmente, el carácter efímero de todo lo que existe se halla en el corazón mismo de la enseñanza del Buddha. Pero nadie puede negar que la fragilidad de la existencia constituye una experiencia difícil de vivir. Así, en el siglo XI, Marpa el traductor, el padre de los linajes Kagyus, sufrió mucho cuando su hijo Darma Dodé murió como consecuencia de una caída de caballo. No obstante, la omnipresencia de la muerte y su carácter inexorable deben actuar como un motor que permita ver la naturaleza de la existencia y la urgencia con que hay que hacer que sea útil para sí y para los demás. Así, el gran maestro nyingma del siglo XIX, Dza Patrul Rinpoché, escribía: «Hay urgencia, realmente urgencia de no quedarse ahí, sin hacer nada; ¿qué haréis cuando la muerte, soberana, os golpee sin previo aviso? Sería una suerte que en ese mismo instante os lanzáseis a la práctica de la enseñanza...».

NECHUNG RINPOCHÉ

Para mí, la vida siguió, ritmada por las lecciones, las meditaciones, las horas de aprendizaje y de memorización de los textos de los rituales. Y por las horas del bordado. Entre mis maestros, no cabía ninguna duda de que Nechung Rinpoché ocupaba un lugar muy especial. Era la reencarnación de maestros prestigiosos. Para nosotros, los buddhistas, la reencarnación es una evidencia: según las acciones que se han podido hacer, tanto físicamente como mental o verbalmente, refuerzan un potencial que, vida tras vida, una vez que es lo suficientemente poderoso, nos hace nacer en tal o cual situación. En Occidente, los lamas reencarnados, los *tulkus*, producen un gran asombro.

El gran tulku *de Nechung*

En todas las épocas ha habido maestros que se han reencarnado para ayudar a los demás seres. Su realización espiritual les permite dominar el proceso de la muerte y, según el grado de despertar interior que tengan, decidir su renacimiento. En el Tíbet, este sistema se ha convertido en una institución y hemos tenido linajes de maestros reencarnados, los *tulkus*, que se han sucedido los unos a los otros. No cabe duda de que el linaje más célebre en todo el mundo es el de los Dalai Lamas, pero la más antigua es la de los Karmapa, que dirige el linaje Karma-kagyü desde el siglo XII. El linaje de Nechung Rinpoché es mucho menos antiguo, pero hunde sus raíces en un período en el que el Tíbet conoció un verdadero florecimiento espiritual.

En la década de 1880 Orgyen Trinlé Chöphel, un gran maestro del monasterio de Mindroling, uno de los principales del linaje Nyingma, se instaló en Nechung. Sus vínculos con el octavo Nechung Kuten, Sahkya Yarphel,[3] eran muy fuertes y profundos, pero toda la comunidad monástica tuvo también la buena suerte de beneficiarse de la realización espiritual del que se llamó desde entonces Nechung Rinpoché. Él transmitió así las enseñanzas más sutiles sobre las diferentes fases de la meditación y sobre los diferentes yogas interiores que hacen entrar en juego las energías, los canales y las "gotas principales" que circulan por el cuerpo.

En 1891, siguiendo las sugerencias de nuestro protector Dorjé Dragden, se fue, con el consentimiento del Gobierno, a la provincia oriental de Kham. Iba a buscar una representación del maestro Padmasambhava, representación que era un *terma*, es decir, un tesoro espiritual escondido en tiem-

---

3. p. 152 y siguientes.

pos de ese gran maestro, a la espera de su descubrimiento por un *tertön*, un "descubridor de tesoros", él mismo profetizado por Padmasambhava. Quien lo había descubierto era el *tertön* Lérab Lingpa, conocido también con el nombre de Tertön Sogyal, y el depositario era Dzongsar Khyentsé Rinpoché. Trajo la preciosa imagen, que estuvo expuesta un tiempo en el Tsuglagkhan, el templo más venerado de Lhassa, al que los occidentales denominan a veces «la catedral de Lhassa». El Tíbet pasaba por un período muy difícil de su historia, en el cual China, Gran Bretaña y Rusia rivalizaban para ejercer su influencia sobre él. Por la bendición de la que era portador, este *terma* debía aportar una ayuda suplementaria para la conservación y la expansión de la enseñanza del Buddha, para la longevidad de los maestros y la calidad de las cosechas. Se creía también que la estatua del Buddha Shakyamuni, traída como ofrenda por la esposa china de nuestro emperador Songtsen Gampo en el siglo VII, había corrido el riesgo de desaparecer, llevada por divinidades subterráneas y acuáticas, los *nagas*, a su reino. El *terma* aportado por Nechung Rinpoché alejaba este riesgo. Además de esto, tal como lo había profetizado el médium de Nechung, el Nechung Rinpoché trajo consigo un texto de una práctica "de unión con el maestro" (*guru yoga*) donada por Dzongsar Khyentsé Rinpoché, el cual pasó a formar parte de las prácticas propias del monasterio.

Nechung Rinpoché era reconocido como una nueva manifestación humana de un discípulo muy cercano de Padmasambhava, Könchog Jungné. Ministro del emperador Trisong Détsen, se convirtió en uno de los 25 discípulos íntimos del gran maestro y recibió de él enseñanzas extremadamente profundas. En el momento de su muerte, su cuerpo se transformó en un arcoíris y no dejó nada de su paso por el mundo humano. Mucho más tarde, en el siglo xv, el gran "descubridor de tesoros" Ratna Lingpa fue reconocido como su reencarnación. Nechung Rinpoché, que manifestaba su presencia actual, era, pues, un ser excepcional.

El decimotercero Dalai Lama confirmó su reencarnación en Thubten Könchog, nacido en 1918. Siguió una formación en el monasterio de Mindroling y permanecía regularmente en Nechung. Después de la firma de los acuerdos de Chamdo (1951) que ratificaban nuestra derrota ante los ejércitos comunistas, Pekín envió a varios religiosos a China. De ese modo, Nechung Rinpoché estuvo de 1956 a 1959 como profesor del Instituto de las Minorías Nacionales de Pekín para enseñar el tibetano. Volvió a Lhassa en 1959, en el momento en que la tensión era más fuerte y, naturalmente, como tantos otros, fue encarcelado durante algunos meses. No logró huir hasta 1962, y llegó a Dharamsala. Pudo sacar del Tíbet uno de los objetos más preciosos del monasterio, el *Sébag Mugchung*, la máscara de Dorjé Dragden cuya sola presencia refleja verdaderamente al protector.

El lama, la máscara del dios y el cuervo

La historia merece ser contada. Esa máscara se mantuvo sellada y, durante la ceremonia de la entronización de los Dalai Lamas, el *kuten* en trance rompía los sellos para presentarla al nuevo dirigente del Tíbet. El Gobierno aplicaba nuevos sellos y se conservaba así hasta la ceremonia de entronización del siguiente Dalai Lama. Detrás del árbol que crecía en el templo principal de Nechung, el árbol en el que había desaparecido el dios Péhar, se encontraban varias estatuas sagradas, una de ellas la de Dorjé Dragden.

El *Sébag Mugchung* se encontraba allí, pero muy pocos lo sabían. Nechung Rinpoché, por supuesto, era de los que lo sabían. A comienzos de la década de 1960, la situación en Lhassa era muy difícil; después de su salida de prisión, Nechung Rinpoché vivía allí como un simple laico, esperando su hora para huir. Un día, en 1962, llegó al monasterio de Nechung en bicicleta y, por suerte, no encontró en el templo más que a un barrendero que, al reconocerlo, lo acogió diciéndole: «¡Rinpoché, ha venido usted en un día muy bueno! ¡Tome, tome todo lo que quiera mientras sea posible!» y, haciéndolo, dejó el lugar.

Nechung Rinpoché tenía una cesta de Bhután, hecha generalmente para llevar cereales tostados. Disimuló en ella la preciosa máscara y volvió tranquilamente a su casa, a la casa que compartía con un *tulku* de Drépung. Los días iban pasando y los dos amigos hacían planes para abandonar clandestinamente su país. Él observó con cierto asombro que desde que había entrado en posesión de la máscara, un cuervo había elegido domicilio en su techo, uno de esos grandes cuervos tibetanos cuyo paso no carece de gracia. Finalmente, después de muchas dudas, decidieron abandonar el país por la carretera que une Phari con Bhután, la misma que mis padres, mi hermano y yo tuvimos que tomar años más tarde.

Disfrazados de campesinos, abandonaron Lhassa en una carreta de caballos, y con este equipaje llegaron a Phari sin llamar la atención. Desde allí, el religioso de Drépung conocía los senderos a seguir para llegar a Témola y finalmente entrar en Bhután, pero era ya septiembre y la nieve comenzaba a cubrir por completo las montañas. Cosa extraña, el cuervo los había seguido desde Lhassa. Incluso los adelantó, indicándoles el sendero borrado por la nieve, y se detenía de vez en cuando para esperarlos, y de ese modo pudieron alcanzar Bhután, destrozados, pero sanos y salvos. Llegados al puesto fronterizo, los soldados butaneses los cachearon metódicamente y les exigieron que rompieran los sellos de la máscara. Ellos se negaron; en cuanto a los soldados, no insistieron cuando supieron que se trataba de la máscara de Péhar. Incluso, cuando llegaron a la India, a Siliguri, los agentes de seguridad indios cogieron la máscara, pero la devolvieron al día siguiente sin pedir más explicaciones, y los dos nuevos exiliados fueron conducidos inmediatamente a Dharamsala. Allí, se les dio albergue en Glen Moor, un apartamento en el que se albergaban antiguos miembros del Gobierno; los más ancianos quedaron muy conmovidos al ver que, desde la llegada de la máscara de Péhar, un magnífico cuervo tibetano había elegido domicilio sobre el techo de la casa. Cubierto de llagas, con las patas destrozadas, había sido el cuervo de Nechung el que, desafiando todos los peligros, no había dejado de acompañarlos desde su salida. Las gentes de los alrededores le ofrecieron comida y agua, apresurándose él a tomarlos. Algunos días más tarde, Nechung Rinpoché y su amigo eran recibidos en audiencia por Su Santidad, a quien pudieron devolver la máscara. Desde ese día, nadie volvió a ver el cuervo; había desaparecido como por encanto.

Uno de mis maestros

En la India, Nechung Rinpoché no tenía ningún ingreso que le permitiera vivir. Se le confiaron nuevas responsabilidades y se unió al equipo de enseñantes del Ladakh Buddhist Institute, instalado en Delhi y que, a pesar de su nombre, reunía estudiantes de todas las regiones himaláyicas. Se encargaba de los cursos de gramática y de literatura tibetanas, y no venía a Nechung más que durante el verano.

En 1971, durante el primer verano que lo ví, pidió a los antiguos monjes de Nechung que me cuidasen, porque –decía él– un día sería muy útil al monasterio, pero no precisó ni cuándo, ni cómo ni porqué. Para mí, este consejo no era más que una simple fórmula porque acababa de llegar. Sin embargo, no fue tomado a la ligera por los monjes, aunque a más de uno lo extrañase. Si sus palabras eran escuchadas, se debía al hecho de que tenía la reputación de ser clarividente. Además, practicaba una técnica de meditación muy particular, llamada *trabep*, adivinación a través del espejo. Este método necesitaba una tercera persona que, en el momento del ritual, veía las imágenes en un espejo hecho de metal pulido. En el nuevo Nechung, ninguno de los cinco novicios podía ver nada en ese espejo. Afortunadamente, no lejos del monasterio vivía un anciano que tenía este don de la visión y era él quien estaba junto a Nechung Rinpoché durante el ritual de adivinación. Posteriormente, llegaron nuevos monjes, uno de los cuales, Kédrup, que venía de Amdo –la gran región del noreste del Tíbet–, tenía esta facultad. Desde entonces, Kédrup describía a Nechung Rinpoché las imágenes que veía aparecer en el espejo.

Su comportamiento conmigo siempre fue cálido, amistoso, pero también desconcertante. Así, durante el invierno de 1972, hubo en Delhi un gran salón de comercio asiático. Nechung Rinpoché pidió a mi maestro de literatura sagrada, Thubten Sönam, que me llevara de vacaciones a Delhi, cerca de él. Quería que pudiera visitar ese salón, persuadido de que era importante para mí conocer el mundo. A sus ojos, ese salón internacional era una buena ocasión para descubrir otros países, otras maneras de pensar y de percibir cómo se podía vivir lejos de la India. De hecho, ese viaje ha quedado grabado en mi memoria. Y además, tener vacaciones cuando se es monje no es tan corriente; ir a una gran ciudad cerca del *rinpoché* de su monasterio es todavía más excepcional.

Más tarde, mientras impartía una enseñanza sobre las divinidades protectoras Tséring Che-nga, me hizo llamar sin razón aparente, y me pidió que me pusiera cerca del venerable Thubten Phuntsog, nuestra memoria colectiva, para tomar notas con él. Pero, para sorpresa mía, y de la de todo el mundo, me pidió finalmente que me sentara junto a él, lo que no era nada habitual. Thubten Sönam se encontraba en la reunión y me hizo comprender que tenía que estar muy concentrado. En un momento determinado, Nechung Rinpoché dio el *lung* del texto que acababa de comentar, es decir, la lectura ritual del texto que autorizaba a los asistentes a practicarlo y a estudiarlo, pero, finalmente, me hizo un signo y me susurró al oído un *mantra* secreto que no estaba en el texto. Por temor a que lo olvidase, pues yo era joven –tenía 16 años–, me lo anotó en un trozo de papel y me rogó que lo conservase como si fuese una joya.

Partida hacia Hawai

El mundo cambiaba, la difusión de la enseñanza del Buddha también. A partir de finales de la década de 1960, los occidentales se interesaron cada vez más por el budismo de rito tibetano, y el exilio en la India de grandes maestros había facilitado los contactos entre los jóvenes europeos o americanos y la élite espiritual del Tíbet que había conseguido huir.

Es así como, a principios de la década de 1970, dos jóvenes americanos, Jesse Sartain y Nancy Gustavson, conocieron a Nechung Rinpoché y quedaron profundamente impactados por su presencia. Le pidieron que aceptara ir a instalarse a Hawai, donde tenía la posibilidad de poner en marcha un centro de estudios de budismo tibetano. Nechung Rinpoché aceptó y, en 1973, llegó a la isla para crear Nechung Dorjé Drayang Ling en Word Valley, un lugar muy agradable y tranquilo, con un pequeño templo japonés que había estado abandonado desde hacía mucho tiempo. Los trabajos de restauración comenzaron inmediatamente.

Desde entonces, Nechung Rinpoché se instaló en Hawai, no regresaba a Nechung más que muy de vez en cuando. No obstante, antes de salir hacia el archipiélago del Pacífico, pidió a Thubten Phuntsog que velara personalmente sobre mí. Y algo más asombroso todavía: me escribió desde Hawai. Cuál no sería mi sorpresa, y la de todos los monjes, el día que recibí su primera carta. A diferencia de las cartas occidentales, que comienzan brevemente por un "Señor", o "Señora", o a lo sumo un "Querido señor", el estilo epistolar tradicional del Tíbet es muy florido. Así, incluso para los amigos más cercanos o para los propios padres, una carta se comienza siempre con expresiones como "Para mis padres, benévolos y llenos de bondad", o "A mi amigo, de noble corazón". La carta que Nechung Rinpoché me había enviado comenzaba de manera muy elogiosa y honorífica, cuando yo no era más que un monje ordinario entre otros, y el contenido estaba lleno de atenciones. Me escribió de vez en cuando, y siempre con muchas atenciones, especialmente en 1981, cuando recibí de su Santidad el Dalai Lama la ordenación principal que hacía de mí un *gelong*, un monje plenamente ordenado. Me felicitaba y me daba consejos muy valiosos. He conservado sus cartas, dado que contenían palabras muy justas.

Con el paso del tiempo, he comprendido que él era uno de mis maestros espirituales. Se puede, sobre todo cuando se es monje, encontrar maestros competentes de los que se recibe enseñanzas. Pero esto no significa que sean, para uno, más que maestros de transmisión, valiosos intermediarios, que sin embargo no se convierten en la chispa que hace que todo dé un vuelco. El maestro es el que por su ejemplo, su presencia, su enseñanza, provoca en uno un impulso especial, y este impulso permite profundizar más en la práctica que uno hace, y esto con toda confianza. Ling Rinpoché había suscitado este impulso, Nechung Rinpoché también. Aunque la relación maestro-discípulo constituye el eje principal del budismo, nunca debe establecerse de manera ciega, ni basándose en sentimientos. Hay que tener muy presente lo que dijo el Buddha: «No creas nada porque lo haya dicho un sabio, porque se suela creer, porque esté escrito, porque se presente como siendo de esencia divina, o porque otro lo crea. No creas más que aquello que tú mismo consideres verdadero, después de haberlo puesto a prueba en la llama de la experiencia». El verdadero maestro permite esto porque abre al maestro interior.

Nechung Rinpoché murió el 31 de agosto de 1982, a los sesenta y cuatro años. La tristeza cayó como una losa sobre todos los que le habían conocido. Nadie dudaba de que se reencarnaría pronto.

MONJE Y ARTISTA

En Nechung, la tradición quería que los monjes eligiesen entre dos vías, una vez se terminaba su formación clásica. O bien se especializaban en la clase *sungzang*, es decir, la música, los rituales, los cantos. O bien se especializaban en la vía, igualmente artística de *chöshang*: realización de *tormas*, diversas esculturas, pero también pintura y diseño.

Los monjes músicos

El monasterio tenía fama, ciertamente, por el dominio de las artes del que hacían gala los monjes. La rama *sungzag* se dirigía más bien a los monjes interesados por la música, naturalmente. En ese caso, aprendían la utilización de distintos instrumentos rituales: en primer lugar, la caracola y el tambor, luego los instrumentos de viento, *dongchen, gyaling, kangling*…, finalmente los platillos planos, *silnyen*, y los curvos, *rölmo*. Los instrumentos de viento se interpretan generalmente por pares y exigen técnicas respiratorias especiales. Así, para los *gyalings*, por ejemplo, que son instrumentos de lengüetas dobles, había que aprender la técnica de la respiración continua que permite producir un sonido cuando se retoma la respiración. Bajo la conducción del maestro de canto o de su ayudante, aprendían las diferentes melodías, aprendían a hacer una voz u otra según el tipo de ritual, desde el canto recitativo hasta el estilo melodioso.

Para esta formación, aparte de talento musical, era necesario tener una excelente memoria porque no solo había que recordar todos los cantos, todos los aires y los ritmos hechos con los instrumentos, sino que había que recordar también los textos, al menos los principales. Esto exigía varios años. Los mejor dotados podían, a su vez, convertirse en maestros de canto; a la espera de ello, se sentaban junto a los titulares de esta función durante los rituales.

Esculturas y mandalas

Como yo era hábil más bien con las manos, me animaron a seguir la otra formación monástica. En el budismo esotérico, el arte nunca está disociado de la práctica espiritual. Durante las enseñanzas que recibía, aprendía las proporciones justas para las representaciones del Buddha, pero también los adornos… A diferencia del arte en Occidente, el arte religioso buddhista es sagrado, y todo obedece a reglas estrictas de construcción; hay poco lugar para la improvisación, pues no es ese el objetivo del arte.

Todo, las formas, los colores, los movimientos, tienen un sentido preciso y todo refleja algún aspecto del espíritu. Así, en el Tíbet, algunas representaciones no se mostraban más que una vez al año, o, en el caso de los aspectos iracundos, por ejemplo, se cubren para que no se vean. El objetivo no es mantener la representación en secreto, es evitar que quien no puede comprender su sentido quede confundido o tenga una conmocion demasiado grande ante una realidad de su espíritu.

Entre las numerosas técnicas que aprendí, estaba la de los *mandalas*. Esas formas geométricas son especialmente difíciles de diseñar porque pueden ser de una gran complejidad. La dificultad no estaba solo en el diseño: hacía falta también que conociésemos de memoria los más pequeños detalles. Un *mandala* es una representación de un palacio de una "divinidad" con su entorno, es decir, de una forma del Buddha o, más exactamente, de una faceta del espíritu despierto. En tibetano, la palabra sánscrita *mandala* se dice *kyilkhor*, "centro y periferia". Esto reenvía a la naturaleza del espíritu, que es a la vez centro y periferia. O, desde otro punto de vista, se dice que no hay ni centro ni periferia. Puesto que para su existencia dependen el uno del otro, ni el centro ni la periferia existen en sí mismos.

Físicamente, el *mandala* se presenta, pues, como un palacio que se vería desde arriba y por transparencia. En el centro se encuentra la "divinidad"; luego, según una partición siguiendo las cuatro direcciones, se tienen varios círculos concéntricos que corresponden al entorno del aspecto central. Alrededor, según los aspectos –apacibles o iracundos– un círculo de fuego, de loto, de *stupas*, de osarios forman como un círculo exterior. Sobre todo, los *mandalas* son indisociables de las meditaciones transmitidas durante largas ceremonias en las que el discípulo es investido del poder de practicar tal o cual meditación correspondiente a tal o cual manifestación del espíritu despierto. Diseñar un *mandala* no es solo una cuestión de competencia artística, hay que llevar también una práctica espiritual que sea la más justa posible.

Una de las dificultades era aprender a preparar las *tormas*. Algunas de ellas son verdaderas esculturas, a veces muy complejas, hechas tradicionalmente de harina y mantequilla, a lo que se añade pigmentos minerales para los colores. Algunas son muy simples y se realizan en poco tiempo, otras son muy sofisticadas y piden mucha minuciosidad. Unas no duran más que el tiempo de un ritual, algunas se comen después de haber sido consagradas, otras se colocan en los altares para simbolizar ofrendas o aspectos del Buddha. En el Tíbet, esas *tormas*, de las cuales algunas se hacen para las celebraciones del año nuevo, pueden alcanzar varios metros de altura y se conservan bastante bien, gracias al clima seco y fresco. En la India, hubo que adaptar y cambiar un poco la técnica para conseguir que las *tormas* resistiesen el calor.

Mi formación duró algunos años y finalmente se me juzgó suficientemente competente para ser designado ayudante de Péma Lhundrup, el maestro de las ofrendas y de las preparaciones rituales. Durante la construcción del monasterio, trabajé a su lado sobre los decorados arquitectónicos que hacíamos en el más puro estilo tibetano. En 1984, cuando se acabó el monasterio, fui nombrado maestro de ofrendas y preparaciones rituales.

1984, UN AÑO SOMBRÍO

El final de los trabajos fue bienvenido porque significaba que por fin podíamos vivir realmente como monjes. Sin embargo, para mí, el año comenzaba con tristeza. El mes siguiente transcurrió con la muerte como compañera, pues varias personas que me eran muy queridas fallecieron.

La muerte de Kyabjé Ling Rinpoché

En septiembre de 1983, Ling Rinpoché padeció una serie de ataques, muy graves, y a pesar de todos los tratamientos posibles, el 25 de diciembre, dio su último suspiro en casa de su discípulo Kalsang Yeshi, en Dharamsala. Su muerte, otro signo de su altura espiritual, no fue la de un ser ordinario. Todos sus ayudantes y sus familiares estaban presentes en la habitación en la que se encontraba; en el instante mismo en que expiró, una franca sonrisa iluminó su rostro. Permaneció así durante trece días, hasta el 7 de enero, sentado en la postura del loto, sonriente y distendido.

Muchas personas escucharon sonidos muy melodiosos que descendían del cielo o simplemente sonaban alrededor de su casa mientras se formaban nubes de lo más extraordinarias. Un ligero temblor de tierra sacudió la ciudad... y se produjeron diversos signos más de que un santo acababa de abandonar su cuerpo. La mañana en que terminó su meditación post mórtem, una espléndida aureola rodeaba la luna; más tarde, se puso a nevar copos muy grandes, que parecían hermosas flores blancas.

La muerte de Thubten Sönan

Ese mismo año estuvo marcado también por la muerte de mi maestro Thubten Sönam. Tampoco él murió de manera ordinaria. A pesar de su avanzada edad, todavía gozaba de buena salud, pero a comienzos de 1984, comenzó a quejarse de retención de agua.

Un día, me pidió que fuera a buscarle un determinado texto, con *mantras* especiales, destinados a ayudar a otros de una manera singular. Me rogó que me sentara frente a él, empezó a enseñarme ese texto y esa práctica. Esa enseñanza no podía transmitirse más que de persona a persona, directamente, y una vez realizada la transmisión de poder, la iniciación, el que la había recibido debía hacer un retiro. Una vez terminado el retiro y dominada la práctica, era posible aliviar eficazmente los dolores recitando esos *mantras* especiales y soplando sobre la parte del cuerpo que hacía sufrir.

Hacia las tres de la tarde de ese mismo día, se sentó en postura de meditación, mirando hacia el este y, de manera muy sencilla, me dijo que iba a morir. Me pidió expresamente que hiciera saber que no quería ninguna ofrenda especial después de su muerte, porque, decía: «¡Ya he hecho bastantes yo, mientras vivía! Y además, si se quiere ver el camino en la oscuridad ¡qué sentido tiene tener lámparas detrás de uno, donde hay que tenerlas es delante!». Yo no podía creerlo, pues nada presagiaba su muerte inminente. Sin embargo, a las siete y media de la tarde daba su último suspiro. Inmediatamente fui a decírselo a los demás monjes, transmitiéndoles sus últimas voluntades. Los más experimentados constataron que se había sumergido en un estado muy profundo de meditación. Permaneció así tres días, y luego se organizó una ceremonia de cremación. Como había pedido, no hubo ofrendas particulares, todo se realizó en la mayor simplicidad. Por mi parte, hice quemar, modestamente, dos lámparas en mi altar durante quince días.

Todavía tuvo lugar otra muerte, pero esta iba a tener grandes repercusiones sobre el curso de mi vida. Era la del decimosexto *kuten*, Lobsang Jigmé, de quien siempre había estado muy cerca.

4. ORÁCULO DEL ESTADO
Y DEL DALAI LAMA

Desde el comienzo de mi vida, había atravesado episodios bastante singulares. Nacido en un país ocupado, inmerso en la crueldad cotidiana, rodeado del afecto de mis padres, pero inmerso en una familia marcada por las humillaciones y por la arbitrariedad, finalmente me había convertido en monje al precio de un exilio en la India cerca de Su Santidad el Dalai Lama. Como propulsado por mi compromiso monástico, como si siempre me hubiese acompañado una poderosa bendición, había tenido la gran suerte de conocer personajes de excepción, como Ling Rinpoché o Nechung Rinpoché. Aunque no me apegase a ello, verdaderamente, estaba sorprendido de los vínculos que estos maestros habían sabido crear entre ellos y yo.

SIGNOS PREMONITORIOS

Yo siempre tuve una inclinación hacia nuestro protector Dorjé Dragden, y un respeto muy especial hacia él, desde que tengo recuerdos de ello. Aunque de niño o adolescente me habían impresionado mucho los trances del oráculo de Gadong y los de Nechung, a los que había podido asistir, no me daban miedo. Del mismo modo, el monasterio de Nechung me había inspirado un profundo respeto desde el día que lo descubrí, cuando tenía doce años. No obstante, nunca habría imaginado que un día ese vínculo procedente de mis vidas pasadas iba a cobrar un sentido muy especial. El primer signo de lo que iba a a ser mi futuro llegó en un contexto un poco particular, y para comprenderlo me veo obligado a hablar de sucesos antiguos.

Una máscara que cae

En 1899, la muerte del exregente del Tíbet, Démo Rinpoché, sospechoso de haber querido atentar contra la vida del decimotercero Dalai Lama, proyectó una sombra sobre el monasterio de Tengyéling del que era originario. Cuando, en 1910, el Dalai Lama se vio obligado a exiliarse en la India debido a la invasión del ejército chino, Tengyéling pareció que abrazaba la causa de los invasores. Desde 1912, el Dalai Lama organizó una resistencia armada, pero los monjes de Tengyéling se negaron a respaldar a los combatientes tibetanos. Cuando, a comienzos de 1913, el Dalai Lama volvió a Lhassa, no tardó en tomar medidas contra el monasterio: este fue vaciado de sus ocupantes, parcialmente destruido y sus monjes se dispersaron por otros monasterios, al mismo tiempo que el *rinpoché* era degradado de su rango jerárquico. Ahora bien, una de las divinidades protectoras de Tengyéling, Tséumar, decidió vengarse no manifestándose más por la boca de un médium como había hecho hasta entonces.

Con el tiempo, las cosas se arreglaron y un nuevo Démo Rinpoché fue entronizado. Tenía fama de poder convocar a Tséumar cuando quería, en el cuerpo de quien quería. En 1959, fue detenido por los chinos y no sería liberado más que a comienzos de la década de 1980. Fiel al vínculo que tenía con el dios, pensó que una estatua que lo representase sería de gran utilidad para Su Santidad; se lo contó a otro lama que vivía en Nepal, Drubthop Rinpoché, y entre los dos concibieron un plan para realizar la estatua y llevarla a la India. Démo Rinpoché reunió a varios artistas, uno de los cuales fue encargado de modelar la estatua y llevarla a Nepal; desgraciadamente, cuando quiso cruzar la frontera, la policía china se lo impidió.

Démo Rinpoché no se dejó desanimar. Hizo un ritual especial, rompió la estatua para reducirla a polvo y mandó al artista a Nepal con su precioso paquete. Esta vez, pudo pasar la frontera sin problemas. Bajo la dirección de Drubthop Rinpoché, el escultor rehízo la estatua, y una vez consagrada, se confió a la Oficina Central del Tíbet en Katmandú, nuestra "embajada" en Nepal, cuyo representante tenía que ir a Dharamsala. La estatua de Tséumar no había terminado sus desgracias; al colocarla en una caja para transportarla, el representante del Dalai Lama rompió una parte del sombrero del dios. Drubthop Rinpoché se hizo cargo, entonces, de todo ello; la hizo reparar y la llevó él mismo a Dharamsala.

La alojamos en Nechung, donde varios de nosotros queríamos ver esta estatua cuyo viaje había sido tan complicado. Cuando se abrió la caja, una desagradable sorpresa esperaba al *rinpoché*: ¡un dedo de Tséumar se había roto y la caja craneana hacía las veces de tazón! Drubthop Rinpoché sabía que era urgente encontrar una solución, pues tenía que ver a Su Santidad dentro de dos días para entregarle la estatua. Como yo era el especialista en decoración y esculturas, me la confió a mí. Ante todo, necesitaba encontrar una tierra parecida a aquella con la que esa preciosa estatua había sido hecha en el Tíbet, lo que no fue nada fácil, y por fin, me puse manos a la obra. Mientras trabajaba, el anterior *kuten*, Lobsang Jigmé, entró en mi habitación para admirar a Tséumar. Yo tenía pocas cosas, una estatua del Buddha, una de Padmasambhava y una pequeña máscara de Dorjé Dragden clavada en la pared, encima de mi altar. Sin ninguna razón, la máscara cayó al suelo, aunque la cuerda que la sostenía no se había roto; sin más razones, la *torma* del año nuevo del altar del monasterio se desmoronó y cayó hecha añicos, cuando había sido hecha para durar al menos un año. Poco después, el *kuten* moría. Yo tomé esos signos como signos de mal agüero. No estaba todavía al final de ese largo camino que debía hacer de mí lo que soy actualmente.

Sensaciones extrañas

En 1985, Su Santidad el Dalai Lama programó transmitir la gran iniciación de Kalachakra, la Rueda del Tiempo. Es una enseñanza muy compleja que tiene varias dimensiones. Desde un punto de vista exterior, el Kalachakra tiene que ver con todo lo que permite comprender las relaciones entre lo infinitamente grande del universo y la existencia: la cosmología, el fluir del tiempo, la astrología, etc. Más profundamente, el Kalachakra es también una descripción de la estructura sutil del cuerpo, con sus canales, sus vientos energéticos, las "gotas" que son los principios de la energía que circula por el cuerpo. Finalmente, de una manera todavía más profunda, íntima, esa enseñanza da claves para las diferentes fases de la meditación, uniendo el cuerpo y el espíritu, de modo que opere como una transmutación del plomo que es la existencia ordinaria, en otra que es la existencia despierta.

Recibir esta enseñanza constituye una rara oportunidad, ya que –aunque existen otras formas muy abreviadas de la transmisión– casi siempre requiere una larga preparación y ceremonias que pueden durar más de una semana. Que el Dalai Lama transmitiera el Kalachakra era una oportunidad que no podía dejarse pasar. Por ello, varios monjes habíamos proyectado ir a Bodhgaya, donde Su Santidad realizaría esta transmisión. Estaba previsto que tuviese lugar un poco antes de las ceremonias del Mönlam del año nuevo, una celebración instituida en 1409 por Jé Tsongkhapa, el fundador del linaje Gelug, durante la cual, en medio de las oraciones de petición, los Dalai Lamas tenían la costumbre de pronunciar una enseñanza. Desde nuestra salida al exilio, las celebraciones de Lhassa, que podían reunir a decenas de miles de monjes, habían desaparecido del Tíbet. Pero cada linaje ha querido mantener en el exilio esta tradición de una reunión anual, y Bodhgaya, por la naturaleza misma del lugar, fue elegida para esas celebraciones.

Durante el segundo día del primer mes tibetano de este nuevo año del Buey de Madera, es decir el 22 de febrero de 1985, los monjes del nuevo monasterio de Drépung celebraron la oración llamada *lhatsé*, como tenían la costumbre de hacer cada mes en la misma fecha. Esta ceremonia tenía de particular el formar parte de los rituales de invocación de Dorjé Dragden antes de que el *kuten* entre en trance. Como no podían hacer ese ritual durante el día, a causa de las celebraciones del Mönlam, lo realizaron por la tarde. Mis compañeros y yo nos encontrábamos cerca del gran *stupa*, y escuchábamos claramente los cantos y las músicas del ritual. Fue en ese momento cuando tuve un sentimiento verdaderamente extraño, que nunca antes había experimentado. Me asustó hasta el punto de que guardé esa sensación en mi memoria. Hoy en día he podido identificarla: tengo el mismo sentimiento durante las oraciones que preceden al trance en que soy investido por Dorjé Dragden.

Poco después, tuve el gran placer de volver a ver a Alexander Berzin, un discípulo americano que está muy cerca de Serkhong Rinpoché y que era uno de los asistentes del Dalai

Lama para los debates filosóficos. Alexander vivía generalmente en Dharamsala, donde estudiaba y conocía bien al antiguo *kuten* Lobsang Jigmé, que era muy amigo de su maestro. Pues bien, al encontrarnos de nuevo en Bodhgaya, Alexander me saludó calurosamente diciendo: «¡Kalsang La, qué honor que sea usted el nuevo *kuten*! ¡Lo felicito!». ¡Me quedé estupefacto! Y me llamaba Kalsang, en mi nombre laico, pero no entendía para nada lo que quería decir Alexander. Le comuniqué mi asombro y me explicó que tenía la información de Gyen Kalsang Sönam, el antiguo secretario del *kuten*, que le había dicho que el nuevo *kuten* se llamaba Kalsang. No cabía duda de que Alexander había comprendido mal lo que le habían dicho, pero yo salí muy preocupado de ese encuentro.

Ríos de sangre

Era tradicional que el Dalai Lama asistiera el decimoquinto día de las ceremonias de Mönlam. Ese día teníamos que realizar varios rituales de ofrendas simbólicas, entre ellas la de los ocho símbolos de buen augurio. Esos símbolos se representan a menudo, ya que tienen fama de traer suerte. Tradicionalmente, se los encuentra en los templos, desde luego, pero también, agrupados o no, esculpidos en muebles, bordados o tejidos, a veces en joyas. La preciosa sombrilla protege de todos los males; los dos peces de oro simbolizan la liberación espiritual; el recipiente es como una fuente de juventud; el loto es la imagen misma de la pureza del cuerpo, de la palabra y de la mente; la caracola, cuyas espirales giran hacia la derecha, emite el sonido de las enseñanzas liberadoras del sufrimiento; el nudo sin fin simboliza la unión de la sabiduría y de los medios que permiten la liberación; el estandarte testimonia la victoria de la enseñanza del Buddha sobre las fuerzas negativas; finalmente, la Rueda del Dharma de ocho rayos recuerda a todos la importancia de la práctica espiritual.

El ministerio de Asuntos Religiosos del Gobierno en el exilio, cuyo Secretariado General estaba en ese momento dirigido por Garjé Khamtrul Rinpoché, un importante lama del linaje Nyingma, estaba encargado de supervisar todas las celebraciones religiosas y de preparar la decoración de lo que se llama los *chödzés*, es decir, las ofrendas. Ahora bien, ¡la víspera de la ceremonia, las personas del ministerio se percataron de que los adornos de los *chödzés* se habían olvidado en Dharamsala! De manera urgente, se decidió pintarlos en una tela, y Khamtrul Rinpoché pidió mi ayuda. Inmediatamente me fui a Gaya para buscar pigmentos que pudieran adherirse a una tela y, al cabo de un rato, después de haber ido de tienda en tienda, puede encontrar lo que buscaba.

Volví muy tarde, pero de todos modos hice los diseños preparatorios antes de irme a dormir. Al día siguiente, al lavarme la cara, descubrí que mi toalla estaba llena de sangre; estaba sangrando abundantemente por la nariz y por la boca, sin darme cuenta. Inmediatamente, mis amigos me aconsejaron acostarme y avisaron a Khamtrul Rinpoché para que alguien me relevase en la ejecución de las pinturas. Estuve sangrando todo el día, esperando en vano que la hemorragia se detuviera; por la tarde, mis amigos insistieron tanto que fui a consultar a los médicos que se encargaban de las decenas de miles de personas que habían venido para asistir a las ceremonias y que se alojaban en una verdadera ciudad de tiendas. Se quedaron perplejos, me mandaron unas inyecciones y no pudieron aconsejarme más que tragar mi propia sangre con el fin de compensar un poco la cantidad que había perdido ya. Esto no surtió ningún efecto, seguía sangrando abundantemente y vomitaba la sangre que intentaba tragarme.

Un voluntario –se llamaba Gomang Chomphel– tuvo la idea de ponerme hielo en la frente; hizo falta ir a la cocina privada de Su Santidad para encontrar hielo y he de decir que eso me alivió mucho, aunque no detuviese la hemorragia. Ese constante sangrar no cesó más que al cabo de dos días. Todo ese tiempo lo pasé en oración, mirando hacia el *stupa*, pensando que mi última hora no iba a tardar en sonar. No obstante, no tenía ningún miedo. Más bien al contrario, sentía en el fondo de mi ser una calma muy grande, una gran relajación de mi mente.

Las ofrendas de los monos

También tuve un sueño bastante extraño durante ese período, al menos me dejó en un estado muy especial de bienestar, casi extático. Una noche, soñé con una escalera gigantesca en la que se encontraban muchos monos magníficos y pacíficos que habían organizado una ceremonia de bienvenida en mi honor. Tenían los brazos llenos de frutos y uno de ellos se destacó del grupo para tomarme de la mano y hacerme subir a lo alto de la escalera, con un infinito respeto. Al llegar al último escalón, me instalé en una especie de plataforma desde la que veía un árbol espléndido cuyo tronco tenía un agujero. El mono me condujo al interior. Yo sentía una profunda alegría, con un sentimiento de espacio y de luminosidad nunca antes experimentado. Me desperté en ese estado y permanecí así, en una gran beatitud. Más tarde, me enteré de que mi sueño era muy simbólico de la actividad y de la bendición de las divinidades protectoras de la enseñanza.

Sueños y visiones

Durante esta estancia en Bodhgaya, me sentía muy débil y había perdido el apetito. Una consecuencia de la hemorragia, claro está. Para añadir algo más a mi estado físico, ya difícil, tenía constantemente visiones del *kuten* en trance. A pesar de mis sueños, y a pesar del bienestar que me invadía a veces, esas visiones repetidas me preocupaban, como se puede imaginar. Mis compañeros decidieron continuar el viaje hasta Nepal y, a pesar de los que me aconsejaron que volviera a Dharamsala para descansar, decidí acompañarlos. A medida que viajábamos, mis problemas, tanto los físicos como los interiores, desaparecieron. Solo mucho después supe que no era raro que tales manifestaciones físicas se produjeran antes de que una divinidad protectora se manifestase a través de un médium. Es el propio dios el que actúa así para purificar a quien será su soporte.

Un año después, en 1986, el nuevo monasterio de Thubten Dorjé Drag, instalado junto a Simla (Himachal Pradesh), me llamó para realizar la decoración necesaria para la terminación de los trabajos comenzados dos años antes. En el Tíbet, este monasterio nyingma estaba muy vinculado al de Nechung porque era el depositario de las meditaciones llamadas del Tesoro del Norte que nosotros realizábamos. Los chinos lo habían destruido completamente. En el exilio, bajo la batuta de Taklung Tsétrul Rinpoché, un nuevo monasterio surgió de la nada para proseguir la transmisión de estas valiosas enseñanzas procedentes del *tertön* Rigdzin Gödem (1337-1408), el «detentador de conocimiento con cabello de buitre», que debía este singular nombre al hecho de tener los cabellos totalmente parecidos a plumas de buitre. También allí tuve sueños en los que veía a un *kuten* en trance.

El futuro en un espejo

Más tarde, una estancia en el pequeño reino de Ladakh refor-
zó todavía más esta presencia de Dorjé Dragden. Acudí allí
a petición de Bakula Rinpoché. Este hombre, muy delgado y
de apariencia frágil, era un personaje excepcional. Nacido en
una de las principales familias de Ladakh en 1917, había sido
reconocido por Su Santidad el decimotercero Dalai Lama
como la vigésima encarnación de Bakula, uno de los dieciséis discípulos más próximos al Buddha Shakyamuni, los
"dieciséis *arhats*". A semejanza del discípulo del Buddha,
cuya vida había sido ejemplar, Bakula Rinpoché parecía llevar una conducta extremadamente pura y apenas tenía problemas de salud, a pesar de su apariencia.

Estudiante brillante en la universidad monástica de
Drépung, había aprobado con facilidad todos los exámenes,
hasta los más altos. Maestro espiritual competente, había
querido también implicarse en los asuntos políticos ya desde 1949, a petición del primer dirigente de la India indepen-
diente, el Pandit Nehru. A pesar de cursar una carrera política, llevaba una vida de asceta y trabajaba sin descanso para
el mantenimiento y la difusión de las enseñanzas del Buddha.
Ladakh se benefició de su ayuda desde todo punto de vista, tanto que pronto se lo llamó «el arquitecto del moderno
Ladakh». Cuando yo lo conocí, había comenzado ya a intere-
sarse por el renacimiento del budismo en Mongolia y en los
territorios mongoles de lo que entonces era la URSS, y gracias a él podía percibirse una renovación.

Él se enfrentaba a un problema bastante simple. Como deseaba transmitir a los médicos de Ladakh las distintas investiduras espirituales unidas al ciclo de *Yuthot Nyingtik*, en relación directa con la medicina, necesitaba la ayuda de una
persona capaz de hacer todos los preparativos rituales y todas

las decoraciones que se necesitaban. No sé muy bien cómo tuvo noticia de mis realizaciones, el caso es que me llamó para que fuera con él.

Bakula Rinpoché tenía dos monasterios: Pethup, el principal, y Samkhar Gompa, en el que yo residía, no lejos de la capital, Leh. Yo dormía en una habitación del primer piso. Una noche, tuve un sueño tan preciso que todavía hoy puedo verlo desfilar por mi mente como se ve una película en televisión. En ese sueño, partía en peregrinación en compañía de varios monjes. La atmósfera era calurosa y distendida, el paisaje era muy agradable, completamente verde, con un pequeño riachuelo que corría tranquilamente por la pradera. Varios de mis compañeros de camino se habían detenido en las orillas del curso del agua, sin atreverse a cruzarlo por miedo a mojar sus pertenencias o sus zapatos. Sin embargo, desde mi punto de vista no era ni tan amplio ni tan profundo. Apoyándome en la orilla, lo crucé sin dificultad, lo que animó a los demás a hacer lo mismo y pronto nos encontramos todos al otro lado del riachuelo, preparados para seguir nuestro camino.

En ese momento, en los contrafuertes de la montaña majestuosa que nos rodeaba, avisté un pequeño templo como los que pueden verse en el Tíbet. Era uno de esos templitos, modestos por el tamaño, pero en armonía con el paisaje, uno de esos lugares cuya vista procura una gran inspiración interior. Dos bellas columnas indicaban su entrada, pero, extrañamente, un gran espejo decorado con cinco bufandas de ceremonia, *khatas*, estaba suspendido de las columnas. Al llegar a ese espejo, escuché una voz que me decía: «El que reza intensamente delante de este espejo, puede ver su futuro». Curiosamente, recé, situado frente al espejo que, en un primer momento, no reflejaba más que mi rostro y el de mis compañeros. Entonces todo se volvió turbio y apareció la cabeza terrorífica de Yamântaka. Esta forma iracunda de Manjushri, la personificación del conocimiento, tiene una cabeza de toro, enorme ojos saltones y esboza una sonrisa en medio de las llamas. Yamântaka se borró al cabo de un tiempo y apareció la cabeza de Nechung Chökyong, superponiéndose a la mía. Al verme así, exclamé: «¿Pero qué es esto?», y una voz detrás de mí respondió: «Es Nechung Chökyong».

Entonces subí al tejado del monasterio, donde monjes y laicos estaban reunidos para rezar. Un monje, dirigéndose a mí, me explicó que la oración que recitaban era muy especial porque permitía satisfacer los deseos. Yo cerré los ojos y cuando los abrí, el cielo, las paredes y las columnas del monasterio estaban cubiertos de los dos ojos del Buddha, como los que pueden verse en el gran *stupa* de Bodhnath, en Nepal. En ese momento, uno de los presentes me preguntó qué estaba viendo y cuando describí esta magnífica escena, otra voz dijo: «Se trata de los ojos de Chenrézi, el *bodhisattva* de la compasión, los ojos de la sabiduría». Con esta última frase me desperté bruscamente; eran las cuatro de la madrugada.

Yo me sentía ligero, alegre, en paz, y permanecí así hasta las seis y media. Cuando conté mi sueño a Bakula Rinpoché, este me escuchó con mucha atención y me anunció que en realidad, en el tejado, justo encima de mi habitación, había un pequeño templo en el que había una *thangka* de Nechung Chökyong que le había ofrecido el decimotercero Dalai Lama. Ese sueño no le extrañaba demasiado. Mucho más tarde, cuando mi vida ya había cambiado, Bakula Rinpoché me dijo que, en realidad, él había comprendido que mi sueño indicaba que el protector quería que yo fuese su *kuten*. Lo que era evidente para él no lo era todavía para mí,

Esto es para ti

Los signos y los sueños premonitorios se sucedieron con cierta regularidad. Así, una noche, soñé que estaba frente al monasterio de Nechung, pero este no se hallaba en su marco de referencia habitual. Estaba en medio de una bella pradera con hierba de un hermoso color verde, y en varios lugares brotaban champiñones. Yo cogí algunos y luego, andando tranquilamente, fui a ofrecerlos al altar. Después me explicaron que ese sueño, de apariencia anodina, era un muy buen augurio. En otro sueño, veía al antiguo Kuten Lobsang Jigmé que venía hacia mí, llevando el espejo pectoral ritual y la máscara del protector de Nechung. Se detuvo justo delante de mí y me dijo: «Esto es para ti, te lo regalo».

Ese sueño me inquietó, con mayor razón porque la atmósfera en Nechung es muy tensa; hacía ya bastante tiempo que el *kuten* había fallecido y, a la espera de un nuevo *kuten*, la tensión era realmente perceptible. De vez en cuando corría un rumor respecto a un monje u otro que había entrado en trance, y el tema aparecía en todas las conversaciones con una pregunta obsesiva: «¿Por qué Dorjé Dragden tarda tanto tiempo en manifestarse?». No obstante, por mi parte, los temores que tenía respecto a Dorjé Dradgen desde mis primeros sueños y por los sucesos que se habían producido relacionados con él, todos esos temores o esa preocupación habían desaparecido.

El 2, otra vez el 2, y el 10

En 1986, Su Santidad dio la iniciación de una forma muy especial de Chenrézi, llamada Tamdrin Yangsang, un aspecto airado y rodeado de llamas que queman la ignorancia y la ceguera que nos hacen errar en el ciclo de nacimientos y muertes. La ceremonia se desarrollaba en el nuevo monasterio de Séra, reconstruido en Bylakyuppe, en el sur de la India (Karnataka). Las enseñanzas dadas por Su Santidad, tanto en el pasado como actualmente, atraen a muchos monjes y laicos, y Nechung había delegado a un monje, Dorjé, para que asistiera. Entre la multitud de religiosos que asistían a las ceremonias, había uno procedente de Drépung, en el Tíbet, que en varias ocasiones había entrado en estado de trance. Todo el mundo tenía presente, claro está, que podía tratarse del nuevo *kuten*, especialmente Khamtrul Rinpoché.

Nuestro monje Dorjé cayó enfermo bastante deprisa, hasta el punto de que fuimos a consultar a Ama Trapa, una mujer médium que vivía en uno de los grandes campos de refugiados tibetanos de Bylakuppe. En lugar de hallar una explicación irracional a los males que padecía Dorjé, le anunció que lo que tenía no era ni grave ni misterioso. Simplemente, la manta con la que dormía estaba sucia e infectada de parásitos de todo tipo; sería suficiente con cambiar de manta para librarse totalmente de su enfermedad. Dorjé obedeció los consejos de la médium y su salud mejoró inmediatamente. Dorjé se dijo que evidentemente, la mujer era muy fiable, así que fue a ver a Khamtrul Rinpoché para sugerirle que fuese a verla con el fin de obtener una respuesta respecto al nuevo *kuten*. Khamtrul Rinpoché estuvo de acuerdo y Dorjé se presentó inmediatamente en la modesta casa de Ama Trapa. En lugar de formular la pregunta, la escribió en un pedazo de papel y se la dio a la médium. Ella ni siquiera se molestó en leerla, sino que miró su espejo de adivinación y declaró:

–Has venido para preguntarme acerca del nuevo Nechung Kuten. El Nechung Kuten es un monje, ¡está ya entre vosotros, en vuestro monasterio! Es delgado y veo tres cifras que se relacionan con él: el 2, otra vez el 2, y el 10. ¡Es todo!

Dorjé se dirigió inmediatamente hacia la casa de Khamtrul Rinpoché para comunicarle el mensaje de Ama Trapa. Aunque no hubiera dicho quién era el nuevo *kuten*, al menos había dado suficientes indicios para tranquilizar las mentes. El *kuten* estaba allí, no había más que esperar a que Dorjé Dragden se manifestase a través de él. Era el protector quien tenía que decidir. Nadie lo sabía todavía, pero Ama Trapa tenía toda la razón.

El 31 de Marzo de 1987

Poco después comenzaron las celebraciones del año nuevo tibetano, el año de la Liebre de Fuego, que comenzaba el 28 de febrero de 1987 del calendario occidental. Entre las festividades y las ceremonias, como todos los años, se esperaba a Su Santidad para que diese una enseñanza que, ese año, debía tratar sobre el *Lamrim, La Vía y sus etapas*, un texto muy importante redactado por Jé Tsongkhapa, el padre del linaje Gelug. Muchos monjes del nuevo Drépung se habían desplazado para esta rara ocasión de escuchar a Su Santidad explicar un texto tan fundamental, ya que detallaba toda la progresión espiritual que se debe seguir para alcanzar el Despertar.

Primicias en el primer trance

Todo comenzó a tambalearse para mí el 30 de marzo. Ese día, el Dalai Lama apenas acababa de llegar y ya habían comenzado las primeras oraciones anteriores a la enseñanza. Como una ola surgida de ninguna parte, un malestar muy profundo me sumergió, hasta el punto de perturbarme como nunca me había sucedido. A ese estado muy molesto se añadió una energía casi irreprimible que hacía que me agitase, empujándome para que me levantase y fuese hacia el trono de Su Santidad.

Yo luchaba contra mi cuerpo, que parecía no obedecerme y el conflicto interior que sentía era espantoso. Pasé toda la mañana resistiéndome a mis movimientos y concentrándome para permanecer sentado. En el momento del descanso, cuando todo el mundo se levantaba para distenderse, beber o comer un poco, fui preso de una nueva ola de angustia, que me dejó absolutamente incapaz de moverme.

La vuelta de Su Santidad significó para mí el retorno del malestar, tan intenso, tan inquietante, tan invasivo como el de la mañana. Con la esperanza de concentrarme para luchar más eficazmente contra lo que me llegaba, me cubrí la cabeza con mi *zen*, mi chal monástico, y me excusé diciendo que tenía una fuerte migraña. No resolvió nada, pero me movía menos, hasta el punto de que uno de los monjes que venía conmigo me preguntó si me había dormido. En realidad, lo único que me preocupaba era que la enseñanza terminara lo antes posible. Al final de ese terrible día, en el momento en que Su Santidad abandonó el lugar en que se hallaba, me precipité hacia su trono para apoyar en él mi cabeza. Fue como si una oleada de luz me atravesase; una inmensa oleada me rodeó y me penetró, pero esta vez era una oleada dulce y amorosa de bendición y de paz. Los Buddhas, Chenrézi, Padmasambhava, todos vertían en mí su amor. Sus representaciones, que me rodeaban, estaban como vivas, y animadas por una compasión a la que nada podía resistirse.

La emoción me invadió. Esta experiencia me tranquilizó y deduje algo bastante simple: lo que había vivido durante este espantoso día no podía ser tan malo, ya que, al final, había recibido una verdadera oleada de bendiciones. Así pues, decidí volver al monasterio, bastante relajado ya; mi preocupación y mi agitación habían desaparecido por completo.

Tenía un sentimiento todavía ligero, pero muy presente. Quizá yo era aquél a quien todo el mundo buscaba. Espontáneamente, brotó de mi corazón y de mi mente una oración muy simple y sincera: «Si fuese así, constituiría una maravillosa oportunidad de servir a la enseñanza del Buddha. Si tenía que ser así, yo serviría lo mejor que pudiera a la enseñanza y al Tíbet. ¡Que todos los obstáculos queden eliminados!». Dejé que mis compañeros se fuesen antes y yo caminé hacia Nechung tranquilamente; una vez llegué, descubrí que Khamtrul Rinpoché me había dejado un pequeño *stupa* para que lo reparase. La punta estaba rota, tenía que volver a ponerla y devolverle el *stupa* al día siguiente. Pasé una buena parte de la noche haciendo este minucioso trabajo que tuvo la ventaja de sumergirme en una gran concentración, de tal modo que mi mente, mis gestos y el *stupa* eran todo uno. Me acosté muy tarde, pero totalmente relajado.

El arcoíris sobre el templo

Esa noche tuve otra vez un sueño especial. Soñé una vez más que Nechung estaba rodeado de césped con decenas de champiñones, a cual más hermoso de todos, en la pradera. Era muy pronto, por la mañana, y con la calma del amanecer, veía a los monjes de Drépung que venían de practicar el ritual de *lhatsé*. Entonces me vi escalando con facilidad el muro del templo para volver a encontrarme en el tejado. El espectáculo era maravilloso: un arcoíris tocaba el templo en el que yo estaba y lo bañaba todo con la luz. Como en mi sueño anterior, recogía un gran número de champiñones para entregarlos como ofrenda. Me desperté con una sensación de profunda felicidad.

Primera foto de Thubten Ngodup con su madre.

Primera foto de Thubten Ngodup, monje, con sus padres.

1972. De izquierda a derecha: el padre de Thubten Ngodup,
Thubten Ngodup, su tío, su tía, la suegra de esta y su madre.

Foto tomada en en al monasterio de Nechung, en Dharamsala, con Su Santidad el Dalai Lama. Thubten Ngodup está a su derecha.

Lobsang Jigmé,
el anterior médium
del oráculo de Nechung.

La estatua
de Dorjé Dragden.

El monasterio de Nechung.

El tocado y las vestimentas del oráculo de Nechung.

El trance empieza, el médium será vestido por sus asistentes.

De manera imperceptible, los rasgos de la cara de Thubten Ngodup
cambian: el trance ha empezado.

En medio del trance.

A pesar del enorme peso del vestido, el médium ejecuta figuras con gracia (vemos, sentado, el médium laico del oráculo de Nechung.

Los asistentes conducen al médium cerca del Dalai Lama: Nechung Chökyong va a hablar.

Los asistentes reculan respetuosamente para que Nechung Chökyong y el jefe espiritual de los tibetanos puedan hablar directamente.

A su despertar, después del trance, Thubten Ngodup no recuerda lo que se dijo en aquel momento: la impresión que describe es la que cada uno siente por la mañana, tras un sueño.

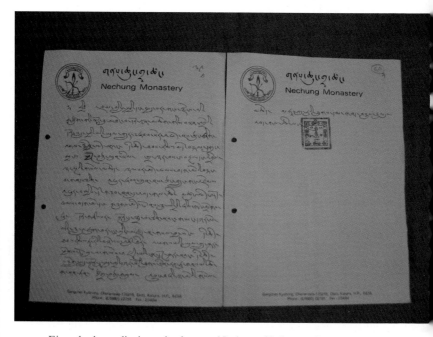

Ejemplo de predicciones hechas por Nechung Chökyong durante un trance. Estas predicciones son transcritas por monjes iniciados. Nechung Chökyong se expresa en una antigua lengua poética, diferente del tibetano habitual.

Thubten Ngodup sobre el techo del monasterio.

Encuentro en enero del 2000 con el XVIIº Karmapa, el jefe de la escuela Karma-kagyü, reconocido tanto por Su Santidad como por las autoridades chinas, que acaba de escaparse de su monasterio de Tsurphu, en el Tíbet, y alcanzar clandestinamente Dharamsala.

Con el joven *tulku* de Ling Rinpoché.

En Corea con, de izquierda a derecha, Tenzin Champa y Tenzin Rinchen, Panjam Sunim, Thubten Nogdup, Chinop Sunim, Thubten Chedup y Ngawang Rigdzin.

Plegaria en el monasterio.

Thubten Ngodup en su casa, en Dharamsala, con Norsang,
su "perro de aguas" del Tíbet.

Primer trance

Estamos en el 31 de marzo. Los monjes de Drépung vinieron a Nechung, como en mi sueño, para hacer en él las oraciones rituales de *lhatsé*. Nuestros monasterios habían estado cerca físicamente en el Tíbet, pero también lo había estado espiritualmente, puesto que Jamyang Chöjé, el fundador de Drépung, había pedido al protector de Nechung que fuese también el del monasterio que él fundaba. Había terminado por establecerse una tradición: todos los meses, el segundo día lunar, los monjes de Drépung venían a Nechung para celebrar a nuestro protector y, llegado el caso, pedir consejo al *kuten*. Este estado de cosas había cambiado con el exilio, ya que Drépung había sido construido en el sur de India, en Karnataka, mientras que Nechung había sido reconstruido en el norte del país. Esos rituales no podían hacerse ya como la tradición lo habría querido.

Cuando estaban en su monasterio, los monjes de Drépung realizaban los rituales ante una representación del protector, pero cuando se encontraban en Dharamsala para las enseñanzas del año nuevo, los representantes de los colegios de Gomang y de Losel Ling tenían la oportunidad de realizar sus rituales en Nechung como se hacía en el Tíbet. Desde la muerte del *kuten*, en 1984, esos rituales se praticaban en una forma abreviada ante una estatua de Dorjé Dragden que se encontraba en una habitación que le está consagrada justo a lado del templo principal.

A pesar de algunas reticencias, el abad de Drépung había logrado que procediéramos no a una ceremonia simplificada, sino a un ritual elaborado, de manera que realmente se mostrase al protector la urgencia que había de que se manifestase de nuevo. Así pues, la víspera de la invocación, tuvo lugar un primer ritual de llamada en el cual las largas trompas

lanzaron sus sonidos graves, seguidos de los sonidos melodiosos de los *gyalings*; y los monjes prepararon todo, como
si fuera a tener lugar un trance. El día de la invocación, yo tenía la responsabilidad de llevar una bebida previamente ben-
decida –té negro– e incienso para la representación del dios.
Al entrar en una habitación en la que se hallaban ya los abades de los colegios Gomang y Losel Ling de Drépung y cuatro monjes que recitaban las oraciones que formaban el corazón mismo de la invocación hecha a Dorjé Dragden para que
se manifestara, me vi sumido de nuevo en un estado extraño: no podía moverme, no podía salir. Dejé todo en un rincón. Me pidieron que bendijera los granos de trigo azafrana-
do que, normalmente, son lanzados por el *kuten*. Como yo no
sabía qué hacer, Kalsang, mi maestro de literatura, me aconsejó envolver los pequeños paquetes de trigo en mi *zen*, mi
chal de monje, y luego ofrecerlos a la estatua, lo que tuvo
como efecto irritar a Thubten Phuntsog cuando me vió proceder así. Yo mismo le hablaba involuntariamente de una manera muy seca:

–¡Para qué todo eso! –le dije bastante vigorosamente–.
¡Es ridículo! Ya no hay *kuten*, entonces, ¿¡para qué realizar
todas esas ofrendas!?

Impresionado por mi actitud, Thubten Phuntsog entró verdaderamente en cólera:

–No son más que símbolos. Todo es símbolo… las ofrendas, el que ofrenda, el que recibe, todo esto solo existe en la
mente. ¡Pero hay un ritual que seguir!

Yo apenas lo escuchaba. Mi única idea era huir, lo más rápidamente posible, lo más lejos posible, pero mis piernas se
negaban a avanzar. Era como si una gigantesca mano me re-
tuviese y me tirase hacia atrás. Finalmente, encontré bastante energía para salir por una puerta falsa, con la esperanza de

unirme a mis compañeros monjes. Desagraciadamente para mí, ya habían entrado al *hall* del templo. La primera parte del ritual había terminado, comenzaba ahora la invocación del dios. Entonces salté al interior, cogí el recipiente del incienso y me dirigí a la habitación del protector. De nuevo comencé a sentirme agitado, tuve la sensación de recibir una enorme descarga eléctrica y luego se produjo un gigantesco destello de luz blanca. No tengo ningún recuerdo de lo que pasó luego. Había tenido mi primer trance, y, muy a mi pesar, yo era realmente el decimoséptimo *kuten* de Nechung. Era el día 2 del segundo mes tibetano, mi número de registro en el monasterio era el número 10. Ama Trapa había tenido razón: 2, 2 y 10 eran las cifras del *kuten*.

Un ruido extraño

Es muy interesante, desde luego, saber cómo lo que me sucedía era percibido por mí mismo, ya que, presa de una gran turbación, yo no era consciente de nada. Lobsang Toldan dio testimonio de ello así: «Yo estaba discretamente de pie detrás de la puerta. Durante el *chendren* [la invitación] había oído un pequeño ruido procedente de la parte trasera. Como si un carpintero serrase madera seca o reparase algo. El ruido hacía «tri tri tri tri tri»… Gyen Kalsang estaba todavía cerca del trono, rezando. Parecía bastante triste, quizá –me decía yo– porque la atmósfera le recordaba al *kuten* anterior. Cuando mis pensamientos volvían hacia las oraciones y la música, escuché un sonido que se escapaba de Kalsang Norbu [Thubten Ngodup]. Inmediatamente me dirigí hacia él. Entonces nos dimos cuenta de que estaba en trance.

«Kusho Jampa le sostenía la mano derecha y yo le cogí la izquierda. Yo sentí que su mano se ponía dura y toda hin-

chada. Kusho Nyerpa, [Thubten Phuntsog] llegó a mi lado y
me pidió que le quitase el reloj inmediatamente, pues temía
que la presión crease problemas. No se me había ocurrido
eso. Se lo quité inmediatamente. Pudimos coger y sostener
a Kalsang justo después del primrer «haooo» que había salido de su boca. Luego siguió espirando de manera muy fuerte.
Finalmente, las oraciones de *chendren* terminaron. En pocos
minutos, el trance terminó también. Yo sentía que la mano
que sostenía volvía a ser normal.»

Otros testimonian también acerca de ese ruido extraño «tri
tri tri tri» en el momento en que yo caía en trance. Después
de tantos años de espera, la efervescencia fue inimaginable.
Por todas partes, a media voz, llenos de un temor respetuoso, los monjes decían: «¡Nechung ha vuelto! ¡Dorjé Dragden
está aquí!». El trance no había durado más que un instante,
pero se dio parte al ministerio de Asuntos Religiosos, y luego al Secretariado privado de Su Santidad. Cuando volví a mí
mismo, no sabía absolutamente nada de lo que había pasado,
pero adiviné por Thubten Puntsog, que se había vuelto muy
dulce conmigo, que algo importante acababa de suceder. En
mi fuero interno, estaba por fin tranquilo: todos los sueños y
todos los signos que me habían puesto en presencia de Dorjé
Dragden cobraban por fin un sentido. No me encontraba muy
bien, tenía frío y mi mente estaba nublada.

Conversación con el Dalai Lama

Dos días más tarde estaba en presencia de Su Santidad. Si
bien yo permanecía muy respetuoso, él era muy natural, simple y acogedor, y creaba un clima tranquilo y benévolo. Se
dirigía a mí de manera muy directa y cordial, sin ninguna ceremonia. Me pidió que le contase lo que me había sucedido.

Entonces le conté todo, mis sueños, mis premoniciones, mis visiones, mis preocupaciones, la hemorragia, todo, incluso detalles que me venían a la memoria, referentes a esos últimos años. Él escuchaba con mucha atención y concentración, y me pedía que volviera sobre algunos puntos de los que quería tener una comprensión muy clara. Esperaba que hiciera un relato lo más minucioso posible de lo que había vivido. En ese momento, comprendí que en lo más profundo de sí mismo, el Dalai Lama deseaba que por fin apareciese un nuevo Nechung Kuten. Me preguntó qué pensaba yo de todo ello. Le contesté que si convertirme en el *kuten* me permitía tener una actividad para el bien de los seres y de la enseñanza, entonces aceptaba sin reticencia alguna.

Siguiendo sus consejos, me encerré para realizar un retiro espiritual. En nuestra tradición buddhista, hacer un retiro no quiere decir apartarse del mundo, aunque así sea físicamente. Como se rompe con toda forma de actividad mundana, el retiro es un medio excelente para concentrarse, en cuerpo, en palabra y en pensamiento, en una práctica interior. En mi caso, el retiro podía permitir que Dorjé Dragden se manifestara mejor, si así debía suceder. Libre del ajetreo y la agitación de la vida ordinaria, la mente se relaja y su naturaleza profunda aparece más claramente, lo cual facilita finalmente las visiones y los sueños. Además, el retiro que comenzaba debía permitir purificar todos los canales por los que circula la energía sutil que irriga todo el cuerpo.

Así pues, hice un retiro concentrado sobre las meditaciones de Tamdrin Khamsum Silnön, Hayagriva «el que vence en los tres mundos». Es un aspecto fiero de Chenrézi, la compasión, bajo una forma muy simple: una cabeza, dos brazos y dos piernas. Puede extrañar que se invoque la compasión bajo una forma rodeada de llamas; podría compararse a una madre que, siempre llena de amor hacia sus hijos, a veces puede subir el tono. El amor sigue siendo el mismo, solo cambia la forma. ¡Irritada, ella puede ser más convincente!

Mi retiro purificador

De modo que me encerré. Mis días se dividían en cuatro sesiones de meditación. Me levantaba a las cinco de la mañana y poco después comenzaba una sesión de media hora. Durante este primer período, practicaba lo que se llama la autogeneración, es decir que, siguiendo un proceso muy preciso, poco a poco me iba haciendo uno con Hayagriva. De siete a ocho y media desayunaba, estudiaba, y luego volvía a empezar otra sesión hasta las once. Comía, estudiaba y, desde la una y media hasta las cuatro y media, hacía mi tercera sesión. Esas dos sesiones estaban consagradas a la recitación de *mantras* relacionados con Hayagriva. Finalmente, por la tarde, de seis a ocho, hacía una sesión de ofrendas, de dedicaciones, de oraciones de petición y de longevidad para los maestros.

El Dalai Lama me había puesto bajo la tutela de Khamtrul Rinpoché y de Denma Lochoe Rinpoché, un lama muy importante de la escuela gelug, discípulo muy cercano de Ling Rinpoché que, desde hacía poco, era el abad del Namgyal Dratsang, el monasterio privado de Su Santidad. Monje brillante del monasterio de Gyumé, había muchos que tenían la esperanza de verlo continuar su formación monástica y, grado a grado, alcanzar la cumbre convirtiéndose en Ganden Tripa, el dirigente de su linaje. No era ese su objetivo y contra todo lo que se esperaba, había decidido abandonar su monasterio. Para asegurarse de lo acertado de su decisión, pidió el consejo de mi predecesor, quien fue categórico: era preciso que dejara su prestigioso monasterio. Entonces preguntó al *kuten* de Gadong, y luego a otros oráculos; su respuesta era la misma. Así que dejó Gyumé. De cualquier modo, su altura espiritual se expresó sin dificultad en el exilio, donde fue muy útil en el mantenimiento de su tradición.

Khamtrul Rinpoché y él venían a verme con mucha regularidad y me preguntaban sobre mis experiencias durante las sesiones de meditación, mis sueños y todo lo que podían ser señales como protector de Nechung. A continuación daban parte a Su Santidad, después de haber comentado entre ellos lo que yo les había dicho de mi retiro.

Finalmente, fui invitado a volver al palacio, como llamábamos a la residencia del Dalai Lama en Dharamsala. Allí, se procedió al ritual preparatorio para el trance del *kuten* y, una vez más, entré en trance, esta vez en presencia de Su Santidad. Pocos días después, fui llevado ante el Kashag, el gabinete ministerial del Gobierno en el exilio y, por tercera vez, una vez realizados los rituales, entré en trance. A los ojos de todos, no cabía ninguna duda de que yo era el nuevo *kuten*.

Entronizado como kuten *de Nechung*

El Gobierno me nombró oficialmente *kuten*, y mi monasterio encargó a unos astrólogos del Mentsi Khang, el Instituto de Medicina y Astrología, que dieran la fecha más favorable para las ceremonias de investidura durante las que debía ser entronizado como oráculo del Dalai Lama y del Gobierno. La astrología tibetana no trata realmente de la dimensión psicológica de la persona; se centra más bien en las energías que marcan el ritmo de la existencia y, a partir de ahí, se calculan los días favorables o desfavorables para tal o cual actividad, sea de manera global (entonces esos días se indican en nuestros calendarios), sea de manera individual. Así pues, procediendo a sus complejos cálculos, los astrólogos declararon que mi entronización tendría lugar el 4 de septiembre de ese año, 1987.

Ese día, sobre las nueve de la mañana, acompañado de uno de mis tíos que había encontrado en Dharamsala, Wangchuk Pasang, y de Thubten Shérab, el tesorero del monasterio, fui a ver a Su Santidad, quien me recibió en su despacho. Nos prosternamos tres vece; luego, recitando una plegaria por su larga vida, compuesta por Nechung, le hicimos varias ofrendas simbólicas, una de las cuales consistía en un *mandala* del universo, una bufanda de bendición y una fotografía de Dorjé Dragden. A su vez, Su Santidad me dio una bufanda y un cordón de bendición. Después, el secretariado privado de Su Santidad nos ofreció té y arroz y, mientras comíamos y bebíamos, conversamos tranquilamente con Su Santidad.

Después de esta entrevista, cuyo protocolo fue bastante ligero, fuimos a Tsuglagkhang, el gran templo de Dharamsala, para ofrecer en él bufandas al Buddha, a Padmasambhava, a Chenrézi, a Palden Lhamo, etc. A continuación fuimos a la antigua residencia de Ling Rinpoché y a la de Serkhong Rinpoché para rendir homenaje a las preciosas reliquias de estos maestros. También allí me ofrecieron una bufanda de ceremonia, té y arroz. ¡Y pensar que quince años antes, Ling Rinpoché me había recibido allí mismo con una carcajada, de lo mal que iba vestido! Quizá su actitud especialmente acogedora conmigo procedía de la certeza que tenía de que un día lejano volvería a visitarlo como *kuten* de Nechung.

Volvimos a Nechung, donde los monjes, dos de ellos procedentes del monasterio tibetano y otros que eran delegados del centro Nechung de Hawai, me recibieron con músicas rituales. Yo me prosterné tres veces ante el templo y luego ofrecí bufandas al trono del Dalai Lama, al Buddha y a Dorjé Dragden. Finalmente me llevaron por primera vez al trono del *kuten*. El jefe del Secretariado del Gobierno, Ngawang Choesang, en calidad de representante oficial del Gobierno tibetano, me ofreció un *mandala* del universo y una bufanda; a continuación le tocó al abad del colegio monástico Gomang de Drépung. Al final, los secretarios de todos los ministerios, los representantes de diversos monasterios –entre ellos el de Namgyal Dratsang de Su Santidad– y de Gadong, desde luego, los delegados de las asociaciones, algunos oficiales y los monjes de Nechung pasaron ante mí para ofrecerme una bufanda de felicitación. La multitud de devotos se apresuró poco después a ofrecerme bufandas.

La ceremonia oficial terminó así. Yo me retiré a una habitación en la que pude recibir, a título privado, a mi familia, a mis amigos y a todos mis parientes, que deseaban hacerme la ofrenda de una bufanda o algunos regalos. Mi madre estuvo presente desde el comienzo, desde luego. Yo sabía que ella estaba emocionada, como lo estarían todos los padres en una ocasión similar. Pero ella no era de los que se desahogan fácilmente; ella sabía que yo era consciente de su felicidad, y eso le bastaba.

Mi vida cambió inmediatamente. Al ser el *kuten*, perdía automáticamente mis responsabilidades como maestro de ofrendas rituales y me convertía en abad y autoridad suprema del monasterio. En ese momento no hacía más que entrever lo que esto significaba, pero intuía el enorme peso de mis nuevas responsabilidades, con mayor razón al saber que no soy ni erudito ni sabio. Por eso, desde entonces, no he dejado de perfeccionarme. Además, puesto que tenía la carga de todo el monasterio, tenía que dirigir también todos los rituales, al menos hasta que mis responsabilidades me llevasen a otro lugar. No me tomé ninguna de mis nuevas responsabilidades a la ligera.

Ante todo, aproveché las ofrendas que me hacían a título

privado para encontrar un alojamiento decente para mi madre, mi hermana y su familia. Les alquilé un piso bastante moderno, con agua corriente, no lejos de Nechung. No obstante, mi madre nunca aceptó depender de mí, ni de nadie. Siguió vendiendo sus jerseys para asegurarse su subsistencia. Mi hermano y mi cuñada se ocupaban de ella.

Los oráculos y el budismo

Es muy difícil decir cuántos oráculos había en el Tíbet y cuántos dioses locales. Ciertamente, cientos. Hasta donde podemos remontarnos en nuestra historia, siempre ha habido médiums a través de los cuales se consultaba a las divinidades locales.

El mundo visible y el mundo invisible

En la tradición tibetana, el mundo no se limita al mundo visible. Existen diferentes modos de vida y los seres que pueblan "nuestro" mundo son innumerables. Algunos de esos seres están relacionados con los elementos, otros serían comparables a energías relacionadas con tal o cual lugar. Esas divinidades locales tienen residencias, lugares que son inseparables de ellos: fuentes, cumbres, grutas, rocas, bosques, árboles… todo puede ser su soporte vital. Existen muchas historias que narran sus acciones, pacíficas o no.

Estas divinidades casi siempre nos resultan invisibles, pero esto no quiere decir que no existan. Es un poco como nuestro planeta; solo al cambiar de país o de continente tomamos conciencia de la existencia de otros seres. Antiguamente, cuando no había tantas facilidades como hoy para viajar, era fácil creerse solo en el mundo. Por lo que respecta a los espíritus que pueblan nuestro entorno, solo cambiando nuestra percepción se los puede concebir.

En este sentido, nuestro mundo podría compararse también a un aparato receptor: en un mismo aparato, basta con cambiar de longitud de onda para captar una nueva cadena; del mismo modo, en el mismo planeta, basta con cambiar nuestra perspectiva para tomar conciencia de la existencia de otras formas de vida. Por razones que nos resultan oscuras, algunos hombres o algunas mujeres pueden estar en contacto con esas otras formas de vida que son los dioses locales. Se trata de los médiums.

Dioses sometidos

Cuenta la tradición que cuando Padmasambhava llegó a nuestro país, era constantemente presa de esos dioses que no cesaban de oponerse a su actividad. Tuvo que someterlos durante sus viajes, en Samyé y en los alrededores, donde la construcción del monasterio no se hizo más que gracias al sometimiento de los más poderosos de ellos. Entre los textos antiguos que relatan estos hechos, el *Padma Kathang* es uno de los más conocidos. Hallamos en él pasajes como aquél en el que Padmasambhava somete a un demonio durante su viaje al Tíbet central:

> «A continuación, fue a Kharnag, la Fortaleza Negra,
> en la llanura Namthang,
> La diosa blanca de los glaciares Nam-men Karmo
> le lanzó rayos.
> Rodeándola con su dedo, el maestro la arrojó al lago;
> Aterrorizada, ella huyó al lago de Palmo Palthang.

El lago entró en ebullición, y separó la carne de los huesos,
El Maestro lanzó su *vajra* y le dio en su ojo derecho.
Remontando a la superficie del lago, ella le suplicó:
"¡Te debo algo, oh Maestro *Vajra* del rosario de cráneos!
¡Juro no crear más obstáculos, que tu mente quede en paz!
¡Ordenes lo que ordenes, seré tu sirvienta!".
Ella hizo la ofrenda de su fuerza vital y prestó juramento.
Él le dio el nombre de Descarnada, Lámpara de Turquesa
diamantina
Y le confió la guarda de un gran tesoro».

Esas divinidades, que nuestra tradición describe a menudo
como sometidas a dioses más poderosos, permanecen apacibles con tal de que no se las irrite. Si se hace, tienen fama
de lanzar maldiciones, y se dice que se encuentran en el origen de las plagas y otras calamidades. Así, Réchung, uno de
los principales discípulos del gran yogui Milarepa (siglo XII),
tuvo la lepra por haber herido a una divinidad subterránea
mientras labraba un campo. Se dice también que polucio-
nar la atmósfera equivale a destruir el mundo de los espíritus
que viven en el aire que nos rodea. Esta creencia tuvo como
efecto un comportamiento cuya importancia puede apreciar-
se hoy que el mundo se hunde bajo la polución: en el Tíbet,
la naturaleza era respetada en todas partes; hasta las minas
de oro se explotaban solo en la superficie para no irritar a los
dioses que residen en las montañas. Según esta creencia, el
ser humano no es más que una expresión de la vida entre muchas otras; perjudicar a una equivale a perjudicar al ser humano.

Múltiples peligros

A veces, las divinidades poseen a un habitante y se expresan por su boca. Hay en ello un doble peligro. En primer lugar, nada garantiza que quien se expresa sea realmente la divinidad. El médium puede ser alguien mentalmente desequilibrado. Puede también engañar a su auditorio, porque al ser percibido como el intermediario entre el mundo de los dioses y el de los hombres, es posible que se aproveche de la credulidad de la gente, reciba ofrendas sustanciales y haga de su estafa una fuente de ingresos y de respeto.

El otro peligro es de orden espiritual. Desde un punto de vista buddhista, es innegable que esas divinidades existen, pero se hallan todavía en el campo de la existencia cíclica. Es posible apoyarse en ellas para una protección o una ayuda, pero no se puede tomar refugio en ellas. Hay que aceptarlas como lo que son. Es cierto que pueden tener poderes espectaculares, hacer que las personas enfermen, o curarlas, asegurar buenas cosechas o destruirlas, pero, al fin y al cabo, también los animales son, desde el punto de vista humano, tan asombrosos: la potencia del vuelo de un águila, la resistencia y la fuerza del leopardo de las nieves no tienen equivalente en los seres humanos. Pero para la mente, esas capacidades no tienen ninguna utilidad.

Cuando se entra en el camino buddhista, tiene lugar una pequeña ceremonia llamada la «toma de refugio», durante la cual se reconoce la validez de las «tres joyas» que son el Buddha, el Dharma y el Sangha. Tomar refugio en el Buddha significa que se reconoce la maestría espiritual del Buddha en tanto que persona y que se comprende que el estado despierto, el estado de Buddha, es la verdadera naturaleza de la mente. El Dharma corresponde a la enseñanza bajo todas sus formas, escrita, oral, simbólica. Tomar refugio en él significa que se le reconoce la capacidad de poder ayudarnos en el camino de la liberación espiritual. Tomar refugio en el Sangha, la comunidad de los practicantes, significa que nos apoyamos en ella para progresar. El conjunto de este camino ha de estar siempre sostenido por una gran vigilancia. Todo, en el refugio, contribuye a la liberación espiritual; no tiene sentido, pues, tomar refugio en lo que está liberado, como no tiene sentido tomar refugio en las tres joyas encerrándose en un modo de pensamiento único; eso sería como si un prisionero se encerrase con doble llave justamente con la llave que le permitiría salir de su celda.

Las divinidades, por poderosas que sean, pertenecen, como nosotros, a un modo de existencia condicionado por la creencia en un "yo". Tomar refugio en ellas significaría que nos entregaríamos a un ciego para salir de la ceguera, lo cual no tiene ningún sentido. El problema espiritual que se plantea con los oráculos es que resulta muy fácil, pues es una tendencia humana natural, entregarse a las divinidades, tomar refugio en ellas, de algún modo. Los oráculos no deben nunca confundirse con maestros espirituales, y los dioses que encarnan no deben nunca confundirse con el Buddha.

Por la naturaleza misma de la divinidad que posee al médium, la relación con él tiene que establecerse de manera muy clara. Ha de hacerse sobre la base del mayor respeto, sin esperar la expresión de una solución milagrosa a todos los problemas. La divinidad invitada es, de algún modo, como un vecino rico y poderoso a quien se pide un servicio. Esto debe hacerse con delicadeza y hay que saber agradecerlo, sin lo cual su riqueza y su poder podrían volverse contra nosotros. Pero hay que conocer también sus límites y no esperar de su vecino lo que no puede darnos. Además, nada puede impedir el poder del *karma*, la ley que une implacablemente las causas y los efectos. Si tal debe ser el *karma*, entonces nadie po-

drá impedirlo; el poder que tenemos es el de saber aprove-
char lo mejor de nuestras posibilidades en un contexto dado,
en el cual no necesariamente se controlan todos los elementos. El recurso a los oráculos se inscribe en este contexto: se
trata de utilizar todo lo que se pueda para tomar la mejor decisión, en el momento en que pueda ser tomada; no se trata,
en ningún caso, de dejar que el oráculo tome la decisión por
uno.

Los grandes oráculos del Tíbet

Así pues, poco a poco fueron apareciendo oráculos de
Estado: Nechung, Gadong, Tséumar. Otros, sin ser oráculos
de Estado, pueden consultarse también, ya que la divinidad
que se expresa a través de ellos tiene una dimensión que su-
pera ampliamente el marco local.

Ese es el caso, por ejemplo, de Lhamo Yudönma. Conocí
bastante pronto a aquella a quien se la llamaba Kalsang
Lhamo y que servía de soporte a la poderosa Dorjé Yodönma,
una de las doce Tenmas, las divinidades que fueron sometidas
por Padmasambhava. Ella era originaria del Tíbet, de donde
huyó en 1959 pasando por Bhután, igual que mis padres y yo
años después. Sus nuevas condiciones de vida fueron muy
penosas para ella, hasta el punto de que estuvo gravemente
enferma durante un año y de que tuvo que ser hospitalizada.
Un día conoció a Kyabjé Düjom Rinpoché, que era entonces
el jefe del linaje Nyingma; este gran maestro le profetizó que
sería la médium de Dorjé Yodönma, lo cual ella aceptó. El
tiempo pasó, y en 1973 fue a Dharamsala, donde encontró a
Kyabjé Trijang Rinpoché, uno de los tutores del Dalai Lama,
quien confirmó que ella era el soporte de la diosa.

Anteriormente, el Gobierno tibetano acudía en primer lugar al oráculo de Nechung, más tarde al de Gadong. También podía recurrir a los oráculos de Lhamo Tsangpa (el oráculo de los Panchen Lamas), de Tséumar (el oráculo de Samyé) y al oráculo de las Tenmas de Drépung. Entre ellos, algunos son el médium de un dios de manera hereditaria, y la divinidad elige siempre en la misma familia a aquel o aquella que será su soporte físico. Así sucede con el de Gadong, el de Lhamo Tsangpa, y con el oráculo de las Tenmas de Drépung. Los otros, el oráculo de Nechung o el de Tséumar, pueden pertenecer a cualquier categoría social y proceder de cualquier lugar del Tíbet.

Los médiums de Nechung, Gadong y Lhamo Tsangpa tenían un rango oficial en la administración o en el Gobierno; el oráculo de las Tenmas, como era una mujer, esta fue elevada al rango de *lhachan*, como las esposas de los ministros. Lhamo Tsangpa murió hace algunos años y se esperaba que apareciese un nuevo *kuten*; el oráculo de las Tenmas de Drépung se encuentra en el Tíbet. En cuanto a Tséumar, hace años que la divinidad no se ha manifestado.

MIS PREDECESORES

¿Por qué me convertí en *kuten*? No sabría decirlo, solo sé que lo hice de manera natural, como si en el fondo de mí mismo hubiera existido siempre esa predisposición. Existe un linaje de los *kuten*, como existen linajes de lamas reencarnados, *tulkus*. Sin embargo, hay una diferencia entre los *kuten* y los *tulkus*. Antes de su muerte, los *tulkus* dejan generalmente instrucciones que permitirán el descubrimiento de su nueva encarnación y, siguiendo esas instrucciones, se suele encontrar a varios niños, los cuales son seleccionados después mediante distintas pruebas.

Los *tulkus*

Se conoce bien el modo como se descubrió al Dalai Lama. Se encontraron tres niños que correspondían al que se buscaba; las visiones del regente, los consejos del Panchen Lama y del Nechung Chökyong permitieron afinar todavía más las investigaciones y al futuro jefe político y espiritual del Tíbet se le presentaron varios objetos que habían pertenecido al decimotercero Dalai Lama, mezclados con otros muy parecidos o más atractivos. Él los reconoció sin excepción.

Así sucede a menudo cuando se trata de *tulkus*. Existe en ellos una especie de continuo de conciencia que, en la primera infancia, está todavía muy vivo. Con el tiempo, este aspecto se modifica, pero, de niños, los *tulkus*, a veces son muy asombrosos. Algunos reconocen a las personas que formaban parte de su entorno en su vida pasada, pueden contar sucesos pasados, evocar lugares o reconocerlos, conocer textos sin haberlos leído... La historia de la transmisión de las enseñanzas del Buddha en el Tíbet abunda en tales sucesos. Así, se sabe que tras la muerte del decimotercero Dalai Lama, los religiosos encargados de su cuerpo, que había quedado en meditación, lo pasaron mal, porque, a pesar de sus esfuerzos, la cabeza del Dalai Lama se orientaba siempre en dirección noreste. Ahora bien, el decimocuarto Dalai Lama se encontró al noreste de Lhassa.

Todavía hoy se procede de la misma manera para encontrar a los *tulkus*, y si algunos no dejan ninguna indicación porque «los signos de su vuelta serán suficientemente evidentes», los maestros más competentes recurren a meditaciones concretas o sencillamente tienen visiones que permiten encontrar a la reencarnación del maestro fallecido. En general, escriben una carta resumiendo lo que han visto, y se manda una comisión investigadora para buscar al *tulku*.

Kutens *elegidos por el dios*

En el caso de los *kutens* de Nechung, las cosas son muy diferentes. El dios protector no se manifiesta más que en el cuerpo de una persona que haya llegado a su madurez, mientras que el *tulku* es reconocido desde su nacimiento. Otro particularidad es que los *kutens* de Nechung rara vez están unidos al propio monasterio, mientras que los *tulkus* están vinculados al menos a un linaje particular, y muy a menudo a un monasterio. Solo mi predecesor y yo hemos tenido vínculos con Nechung antes de convertirnos en *kutens*. Es el protector quien elige, y la voluntad de éste o aquél no tiene nada que ver con la aparición del *kuten*.

No dudo de que el hecho de haberme convertido en *kuten* se relaciona con deseos que haya podido tener en vidas precedentes; quizás incluso ya fui *kuten*. La inmensa atracción por la vida monástica desde mi infancia, cuando nada me animaba a ello, la atracción espontánea que he sentido por Dorjé Dragden, el eco muy fuerte que escuché en mí cuando, por primera vez, oí hablar de Nechung, todos esos elementos muestran un vínculo antiguo y poderoso con la vida monástica y con Nechung. Como dijo el Buddha, si queremos saber qué hicimos en vidas pasadas, hay que mirar lo que somos hoy, y si queremos saber lo que seremos en nuestras próximas vidas, hay que mirar lo que hacemos actualmente. Por mi parte, yo no sé quién fui o qué hice en mis vidas pasadas, simplemente sé que todo ello debía estar en relación con Nechung, puesto que hoy soy su médium. Aparte de eso, soy alguien completamente ordinario, que ha tenido una vida muy difícil, la vida que muchos tibetanos han conocido en el Tíbet, y en el exilio.

El linaje de los kutens

Los *kutens* anteriores fueron muy distintos los unos de los otros y tuvieron una importancia desigual; algunos incluso han permanecido en la sombra. En Nechung, quien ha podido conservar la memoria de los diferentes *kutens* es Thubten Phuntsog; sus investigaciones han permitido enumerarlos y conocerlos mejor. Sin él, no cabe duda de que el monasterio del oráculo de Estado no habría podido mantenerse en la tradición. He aquí brevemente lo que se sabe de ellos:

–El primer trance oficial atribuido a la acción del protector tuvo lugar en 1544, cuando el tercer Dalai Lama, Sönam Gyatso (1543-1588), acababa de nacer. Este primer *kuten* – se llamaba Lobsang Palden– recibió un día la visita del lama Sungrabpa, el ayudante principal del Dalai Lama fallecido, quien le preguntó cómo encontrar la reencarnación de su maestro. Durante su trance, el *kuten* anunció que Guendün Gyatso tiene cien emanaciones; no obstante, precisó que la que había nacido en Tölung, no lejos de Lhassa, era la más importante. De modo que era esa la que había que buscar. Gracias a esta indicación se descubrió a Sönam Gyatso.

Desde entonces, los *kutens* han desempeñado un papel fundamental en el descubrimiento de los Dalai Lamas. Por lo que respecta a los sucesores inmediatos de Lobsang Palden, no se conoce más que su nombre, y en todo caso, su región de origen. Se ignora cuándo se convirtieron en *kutens*.

–El segundo *kuten*, Jampa Gyatso, era llamado también Ringangpa, por el nombre de la región de Rinchen Gang, de donde era originario.

–El tercer *kuten*, Nangso Gönor, era un miembro laico de la administración gubernamental (*nangso*) cuando tuvo su primer trance.

–El cuarto *kuten*, Sépo Sönam, se conoce un poco mejor,

ya que estaba vinculado al quinto Dalai Lama (1617-1682), a quien dio muchos consejos, especialmente en los años 1650, cuando el Tíbet tenía problemas con el reino de Bhután. El propio Dalai Lama evocó uno de sus trances que tuvo lugar durante un Shotön, el «festival del yaourt» organizado por el monasterio de Drépung, durante el cual pudo clarificar los puntos de la situación por la que pasaba el Tíbet y ofrecer algunas profecías. Durante este período fue cuando el quinto Dalai Lama protegió especialmente el monasterio de Nechung y el *kuten* se convirtió en oráculo de Estado.

–El quinto *kuten* se llamaba Tséwang Pelbar y estuvo en funciones durante diez años (1679-1689). Durante este período, el regente Sangyé Gyatso veló por el buen funcionamiento de Nechung, en el que hubo de realizar estatuas de diferentes aspectos del Buddha. El número de monjes se estableció en cincuenta. A la muerte del quinto Dalai Lama, en 1682, el *kuten* realizó una predicción referente a su retorno. Murió en 1689, cuando tenía 58 años.

–El sexto *kuten*, Lobsang Legjor Gyatso, conoció su primer trance en 1690, poco después de la muerte de Tséwang Pelbar, pero se ignora cuándo dejó de ser el *kuten* de Nechung. Era originario de la región del Kongpo y en su época fue cuando Nechung creció tanto en número de monjes, que llegaron a ser 101, como en riquezas, gracias a la benevolencia del regente Sangyé Gyatso. Existe una representación suya en trance en el mismo Nechung, en el Tíbet.

–El séptimo *kuten*, Tsangyang Tamdrin, conoció su primer trance en 1725. A veces se lo cita en los textos con el nombre de Kuten Lobsang Tashi. Estuvo muy unido al séptimo Dalai Lama, Kalsang Gyatso (1708-1757), en la primera parte de su vida. Sus trances fueron numerosos y, para responder a los deseos del Dalai Lama, instituyó en Nechung la práctica completa de las trece deidades de Yamântaka y el ritual de las «ofrendas descubiertas» (*jinseg*) para las consagraciones, y esto según la transmisión particular del gran colegio tántrico gelug de Gyuto. Desde entonces, los días durante los que se realizaban los rituales de Yamântaka, veinte monjes de Gyuto, dirigidos por el abad del colegio, iban al monasterio del *kuten*. La fama de Tsangyang Tamdrin fue tal que recibió como donativo, para Nechung, tierras situadas en el este del Tíbet, hasta el extremo este de Kham, en la región de Dartsédo –la actual Kangding–, que acababa de integrarse al Sichuan chino. Murió de vejez en 1747.

–El octavo *kuten* se llamaba Ngawang Gyatso. Era originario de Dartsédo, en la frontera de Kham y China. Pertenecía al monasterio de Gar Dratsang que acababa de ser fundado por Kamsum Silnön, una encarnación del descubridor de las enseñanzas de los «Tesoros del Norte», Rigdzin Gödem, que era también el *trulku* que dirigía el monasterio de Thubten Dorjé Drag, el principal depositario de sus enseñanzas. El monasterio de Gar Dratsang tenía una gran importancia espiritual: era el más oriental de los monasterios de los «Tesoros del Norte» y se hallaba bajo el patrocinio de la familia real de Chagla, uno de los reinos más pequeños y poderosos de Kham.

Ngawang Gyatso fue al Tíbet central y allí, en 1747, tuvo su primer trance. El *kuten* anterior acababa de morir en el momento en que la situación política era totalmente confusa. Aquél que había dirigido el Tíbet durante casi veinte años, Miwang Phola, estaba envejeciendo y las relaciones cordiales que había mantenido con China, aceptando la tutela bastante simbólica del emperador, no eran del gusto de todos. Su muerte inminente no podía sino traer problemas, tanto en el Tíbet como con nuestro poderoso vecino. Hacía falta, pues, encontrar lo antes posible al *kuten* de Nechung para poder anticipar el futuro relativamente sombrío que parecía perfilarse.

En ese contexto tenso, el quincuagésimo cuarto Ganden Tripa, Ngawang Chogden, que dirigía el linaje Gelug, compuso una oración para pedir el rápido retorno de la manifestación del protector de Nechung. Esta oración se hizo en el momento de las festividades del año nuevo del año de la Liebre de Fuego (1747) y los monjes de Nechung la recitaban regularmente. Cuando Ngawang Gyatso tuvo un primer trance en presencia del Dalai Lama, nadie dudó de que el Tíbet estaba dotado de nuevo de un *kuten*.

Por sus primeros vínculos religiosos, Ngawang Gyatso estaba muy unido al monasterio de Thubten Dorjé Drag. Más concretamente, ahora que vivía en el Tíbet central, estableció relaciones verdaderamente estrechas con el *tulku* de ese monasterio, el Taklung Tsétrul, Kalsang Péma Wangchung, quien se convirtió en su lama «raíz», su fuente de inspiración espiritual y de enseñanzas. Este importante maestro era a la vez un místico visionario y un gestor eficaz que, con la ayuda y el apoyo del séptimo Dalai Lama, dio a su monasterio un brillo incomparable.

Los lazos entre estos dos hombres tuvieron como efecto el reforzar los que existían entre Nechung y Dorjé Drag, y aportar un cierto número de reformas en el campo de los rituales. A partir de este *kuten* y hasta hoy, Nechung ha realizado siempre rituales, meditaciones y retiros procedentes de las enseñanzas de los «Tesoros del Norte». Yo mismo cuento entre mis maestros con el actual Taklung Tsétrul Rinpoché, que es uno de sus poseedores actualmente.

Experto en los diferentes tipos de enseñanzas dadas por el Buddha, Ngawang Gyatso gozó de una reputación de santidad que fue mucho más allá de la región de Lhassa. Se le confió la carga de varios monasterios; y con este *kuten* se reforzaron también los vínculos con Tsel Gungthang, el monasterio del que la tradición cuenta que en un tiempo albergó al

dios Péhar, y con el monasterio de Méru Nyingba. Por generosidad del séptimo Dalai Lama, Nechung recibió rebaños de
yaks, de caballos y de corderos que permitieron aumentar los
ingresos del monasterio.

–Existe poca información referente al noveno *kuten*, Yulo
Köpa, pero se sabe que estaba en actividad en 1822. Entonces
debía ser bastante mayor; su nombre, o más bien, su apelli-
do, permite suponer que era originario de la pequeña aldea de
Yulo Kö, muy cerca de Nechung. Durante las ceremonias del
año nuevo de ese año de 1822, fue ennoblecido y elevado al
rango de *khenchung*, integrando así la administración religiosa del Estado.

–Su sucesor y décimo *kuten*, Kalsang Tsültrim, estuvo en
funciones de 1837 a 1856. Desde los orígenes, Nechung había cambiado considerablemente; a pesar de que el monasterio permanecía escondido en su agradable bosquecillo bajo
la ciudad monástica de Drépung, había hecho falta arreglar-
lo para acoger al número creciente de monjes. Gracias a donaciones, pero también gracias a los ingresos del monasterio, Kalsang Tsultrim supervisó los trabajos de restauración
de los edificios, de clasificación de textos y de diversos documentos que se habían acumulado. Además, el aumento reciente del número de monjes hizo necesario que se realizaran
trabajos de reimpresión de los textos litúrgicos. En 1849, su
habilidad y su eficacia le valieron ser llamado *khenchen*, en
el cuarto rango de la jerarquía gubernamental.

Brillante por su inteligencia y su sabiduría desde su más
tierna edad, el decimoprimero Dalai Lama, Khédrup Gyatso
(nacido en 1838), tenía todas las cualidades para ser un jefe
de Estado tan hábil en materia política como religiosa. Fue
entronizado un poco antes de los dieciocho años exigidos por
la tradición; desgraciadamente, su salud declinó rápidamente y se consultó a los oráculos, entre ellos al Kuten Kalsang

Tsültrim. A pesar de las opiniones y los consejos, el joven Dalai Lama murió a comienzos de 1856; iba a cumplir dieciocho años, y murió poco antes que Kalsang Tsültrim.

Un gran kuten, *Lhalung Shakya Yarphel*

El decimoprimer *kuten*, Lhalung Shakya Yarphel, fue uno de los Kutens más notables, tanto por su longevidad como por su vida, hasta el punto de que todavía hoy, en el Tíbet, la familia Lhalung conserva un recuerdo muy fuerte de él. Existen varias representaciones suyas en trance. Se sabe que nació durante el breve reinado del décimo Dalai Lama, Tsültrim Gyatso (1816-1837), y que su nacimiento coincidió con signos extraordinarios que parecían augurar ya una vida fuera de la común. Ya he dicho que los *kutens* no son como los *tulkus*; no obstante, el nacimiento de Shakya Yarphel recuerda los maravillosos relatos de su venida al mundo.

Su madre estaba embarazada cuando su atención se vio atraída por un montón de fango cuya forma le pareció extraña. Al coger el fango con las manos, se dio cuenta de que se trataba en realidad de una hermosa piedra; lavó su hallazgo y decubrió que el fango formaba como una ganga que protegía una magnífica piedra de unos cuarenta centímetros, muy parecida a una turquesa. En lugar de guardarla para venderla, como todo el mundo habría hecho, decidió ofrecerla al tesoro del palacio de Potala. Poco después, el sol apuntaba sus primeros rayos hacia la cumbre de la montaña que se hallaba al este de su casa cuando sintió los primeros signos del parto. En ese momento, una dulce luz inundó la habitación en la que se encontraba. La belleza de esa luz impactó a todos los que se hallaban junto a ella, y ella misma, para apreciar mejor el espectáculo, decidió levantarse de la cama. En el mismo instante en que los rayos del sol la tocaron, dio nacimiento a su hijo.

Niño dotado y muy vivo, Shakya Yarphel se matriculó muy joven en el colegio Déyang de Drépung. Solo más tarde, en 1862, bajo el reinado del decimosegundo Dalai Lama, Trinlé Gyatso (1856-1875), se tuvo la certeza de que era el nuevo *kuten*. El Gobierno le invistió oficialmente en este cargo y, desde entonces, participó activamente en la vida política del Tíbet, y Dorjé Dragden prodigó útiles consejos a través de su boca. Muy pronto, Nechung tuvo de nuevo patrones laicos, por ejemplo la familia Drachi Phunrabpa, uno de cuyos ancestros realizó suntuosas ofrendas en el monasterio,[1] y con la que los vínculos son todavía hoy indestructibles.

El Tíbet se hallaba en un período singular de su historia. Hay que saber, en efecto, que desde 1804 y la muerte del octavo Dalai Lama, Jampel Gyatso (1758-1804), el país no había encontrado una mínima estabilidad. Habían estallado conflictos tanto en el interior como en las fronteras, y la muerte prematura de cuatro Dalai Lamas había dejado a los regentes la dirección del país. Cuando, en 1875, Trinlé Gyatso «abandonó su cuerpo para unirse a los campos puros», toda la población, desde los más humildes hasta los más poderosos, rogó con fuerza para que se hallase rápidamente la reencarnación del dirigente espiritual y político del país. Se consultaron los oráculos y se esperaba mucho del *kuten* de Nechung porque, al fin y al cabo, ¿no se expresaba a través de él el gran protectos de los Dalai Lamas? Pues bien, el país estaba en crisis, había urgencia en encontrar al jefe de Estado tibetano.

Shakya Yarphel fue convocado en varias ocasiones. Durante sus trances, los consejos se sucedían: en primer lu-

---

1.   Véase el testimonio de Drachi Phunrabpa Lobsang Dargyé, p. 180 y siguientes.

gar, la persona encargada de encontrar al Dalai Lama debía
ser un monje irreprochable, de una gran ética y de una no menor sabiduría, y, en este caso concreto, vinculado al monasterio de Ganden, sede de los gelugpas; luego, las investigaciones debían concentrarse en la región de Dhagpo, situada
al sureste de la capital; finalmente dio indicaciones que permitían conocer el nombre de los padres de nuestro maestro
reencarnado.

Siguiendo sus consejos, el Gobierno nombró a Lobsang
Dargyé de Ganden, el antiguo abad del gran monasterio del
Gyumé, especializado en el estudio de las enseñanzas y de
las prácticas de los *tantras*, el aspecto esotérico de las enseñanzas del Buddha. Reputado por su sabiduría, era el hombre
ideal para conducir bien la investigación. Ahora bien, aunque
el *kuten* había sido muy preciso, era necesario de todos modos tener el mayor número posible de indicaciones. Se interrogó a los otros oráculos y Lobsang Dargyé acudió a orillas
del lago Lhamo Lhatso, donde el segundo Dalai Lama había
hecho construir el monasterio de Chökhorgyel. A menudo,
después de largas meditaciones, la superficie del lago había
ofrecido visiones que permitían descubrir las encarnaciones
de los Dalai Lamas. Lobsang Dargyé se quedó a meditar y a
rezar cuando, en la noche del séptimo día, vio a una madre
que tenía a su hijo en brazos, vio la casa y supo el nombre de
los padres. El *kuten* de Nechung confirmó el conjunto de las
visiones. Había que ir, lo antes posible, a buscar al decimotercer Dalai Lama.

Dirigida por Lobsang Dargyé, la misión investigadora ca-
balgó hasta Dhagpo donde, en la casa de un humilde leñador,
los monjes descubrieron a un niño que había nacido en la primavera del 1876. Las visiones del abad y de los oráculos se
confirmaban: la casa era parecida a la vista en el lago, el padre se llamaba Kunzang Rinchen y la madre Lobsang Dolma,

como él había podido leer en su superficie. Interrogado, el *kuten* de Nechung en trance confirmó que se trataba del decimotercer Dalai Lama, a quien se ha llamado desde entonces, Thubten Gyatso, el «Gran Decimotercero», por lo importante que fue su reinado (1876-1933).

Cuando el Dalai Lama cumplió los dieciocho años, más que tomar las riendas del poder, prefirió continuar su formación religiosa. En 1895, una vez pasados los grados más altos de la formación teórica religiosa, una vez recibidos sus votos monásticos completos, Thubten Gyatso se dirigió hacia Nechung para saber si debía o no asumir sus responsabilidades gubernamentales. En trance, Shakya Yarphel remitió una bufanda de seda a los miembros del Kashag para que, a su vez, la entregaran al Dalai Lama. Los ministros se inclinaron, el Dalai Lama entraba en funciones: en cuanto al regente, Démo Rinpoché, del monasterio de Tengyéling, se retiró. Las relaciones entre el Dalai Lama y Shakya Yarphel eran muy estrechas, con mayor razón cuanto que tenían en común un maestro bastante especial, el «descubridor de tesoros», el *tertön* Sogyal, a quien a veces se llama Lérab Lingpa. Él mismo descubrió enseñanzas ocultas siguiendo el impulso dado por el *kuten*, y el Dalai Lama recibió enseñanzas de este maestro, por consejo de Shakya Yarphel.

Durante un trance, en febrero de 1899, el *kuten* lanzó un terrible aviso al Dalai Lama: su vida estaba en peligro, hacía falta una gran prudencia. A pesar de que Thubten Gyatso tuvo en cuenta las palabras de Dorjé Dradgen, cayó malo frecuentemente, se fatigaba rápidamente, aunque todavía era joven y, poco antes, desbordaba energía. Hizo falta llamar una vez más al *kuten* para saber cuál era la naturaleza del mal que parecía corroerle. Contra todo lo que se esperaba, Shakya Yarphel declaró que se le estaba haciendo magia negra y, sin razón aparente, pidió que se desmontase un par de botas que estaban en posesión del *tertön* Sogyal. Fueron a preguntarle: ¿de qué botas podía hablar el *kuten*? Sogyal comprendió inmediatamente de qué se trataba. Un lama originario de Nyarong, como él, le había ofrecido unas botas. Ese lama, Shaö Trulku, se las había dado pidiendo que se las entregara al Dalai Lama. Esta práctica no era rara: el Dalai Lama era poco accesible, así que era bastante frecuente que algunas personas pidieran a alguien de los que estaba cerca de él que le entregara algún regalo, le pidiera que los incluyera en una oración de petición para tal o cual persona, o le comunicara un mensaje importante.

El maestro de Thubten Gyatso tuvo un presentimiento muy malo cuando cogió las botas. Además, ese regalo le pareció bastante fuera de lugar: ¿por qué ofrecer unas botas, aunque fueran bonitas, al Dalai Lama? Así que decidió guardarlas. El tiempo pasó y, un día, le entraron ganas de probárselas: nada más ponérselas empezó a sangrar por la nariz. Para Sogyal, el asunto estaba claro, existía una relación entre el sangrar, las botas y su mal presentimiento. Así pues, abandonó el extraño regalo en un rincón.

Siguiendo los consejos de Shakya Yaphel, se procedió al desmontaje de las suelas de las botas, que están hechas de varias capas de cuero. Lo que se descubrió hizo temblar a todo el mundo: se había colocado un pentáculo maléfico asociado al nombre y a la fecha de nacimiento de Thubten Gyatso en las suelas, con diferentes sustancias, todas ellas conocidas por ser nefastas. Todo se aclaraba así: las enfermedades y el debilitamiento del Dalai Lama procedían del maleficio, ¡alguien quería, simplemente, quitarlo del medio! La investigación terminó satisfactoriamente: el antiguo regente, Démo Rinpoché y sus cómplices confesaron su fechoría, y fueron detenidos y puestos en residencia vigilada o encarcelados. La mayor parte de los principales responsables murieron rápida-

mente, aparentemente de muerte natural o por suicidio. Entre
ellos se encontraba Shaö Trulku, el mago que, aunque fue
fustigado hasta sangrar, no parecía sufrir por ello. No sólo
eso, se contaba en todas las calles de Lhassa que el poder de
su mente era tal que las llagas de su piel cicatrizaban horas
después de los latigazos. Un día, finalmente, birló con astu-
cia una navaja de uno de sus guardianes e intentó cortarse el
cuello. El guardián intentó retenerlo, pero no fue suficientemente rápido para impedir que Shaö se lanzase por una ven-
tana.

Haber descubierto ese complot contra el Dalai Lama fue la
última gran intervención del *kuten* Shakya Yarphel. Junto con
esa función que escapaba completamente a su voluntad, tuvo
también un papel importante en Nechung. Era un meditador
consumado y reconocido por la profundidad de su práctica
espiritual. Discípulo muy próximo al octavo Taklung Tsétrul,
Rigdzin Pema Wanggyel de Dorjé Drag, recibió de él enseñanzas muy importantes. En Nechung, los donativos siguie-
ron afluyendo. Hizo construir nuevas planchas para imprimir
y editar textos fundamentales del linaje de los «Tesoros del
Norte», al cual pertenecía, y a los que se sumaron los de las
meditaciones que había recibido del *tertön* Sogyal. Cuando
murió, en 1900, el Tíbet entraba en un período crucial de su
historia.

Un caso único y extraño, Lobsang Sönam

El decimosegundo *kuten*, Lobsang Sönam, fue también alguien muy especial, pero se convirtió más bien en víctima
que en actor de su extraña historia. Durante las ceremonias
del año nuevo, en el año del Buey de Hierro, en febrero de
1901, un monje originario de Kham entró en trance; Dorjé

Dragden había elegido a su nuevo *kuten*, quien inmeditamente fue investido en sus funciones. La situación política era
muy preocupante. El acuerdo fronterizo en Sikkim conclu-
yó y las consecuencias fueron espectaculares para mi país.[2]
En 1904, el Gobierno convocó al *kuten* mientras en Lhassa
y en todas las partes habitadas por tibetanos, los monasterios
entonaban oraciones para proteger el Tíbet frente a la invasión de las tropas anglo-indias. Los consejos dados por Dorjé
Dragden fueron malinterpretados, lo que provocó la derrota
de los ejércitos tibetanos. Como Lobsang Sönam no se había
equivocado nunca cuando entraba en trance, miles de hombres partieron hacia el combate con una gran confianza, algunos llevando como armas solo amuletos. Desgraciadamente
para ellos, la primera gran batalla que tuvo lugar en Guru se
transformó en hecatombe. No solo hubo más de quinientos
muertos en las filas tibetanas, sino que los combatientes estaban tan seguros de la eficacia de nuestros dioses protectores que ni siquiera estando delante de su invasores huyeron,
prefiriendo ir tranquilamente bajo el fuego de las tropas anglo-indias. A pesar de este espantoso fracaso, los combatientes continuaron siguiendo los consejos que, se les decía, eran
los del *kuten*.

La invasión inglesa de 1904 impulsó al Dalai Lama a huir
de su país hacia Mongolia. El *kuten* lo acompañó y recibió numerosas ofrendas de los señores mongoles, de los religiosos,
así como de los simples nómadas. En 1907, ante el riesgo de
ver crecer su orgullo, el Dalai Lama y su entorno decidieron
mandar de nuevo al *kuten* a Lhassa, donde se dice que fue abu-

---

2.   Firmado en 1890 entre China y Gran Bretaña, delimitaba una parte de las fron-
     teras meridionales del Tíbet. Rechazado por Lhassa, igual que el acuerdo co-
     mercial de 1893, estuvo en el origen de las graves tensiones que desembocaron
     en la guerra de 1904 entre el Tíbet y las Indias británicas.

cheado por la población. Fue dejado de lado y perdió su estatus, las cargas y los honores que se asociaban a su función.

Su sucesor, el decimotercer *kuten*, Lhalungpa Gyaltsen Tharchin, pertenecía a una familia que guardaba un parentesco remoto con la poderosa familia noble Bhrumpa, cuyas tierras se hallaban en la región del Dhagpo, de donde era originario el Dalai Lama. Desde que se apartó al *kuten* anterior, el Dalai Lama no había dejado de rogar para que el protector se manifestase de nuevo. Después de su exilio indio (1910-1912) provocado por la agresión china de 1909, Thubten Gyatso recién acababa de volver al Tíbet, cuando, durante las fiestas de año nuevo, en el año del Buey de Agua (1913), Gyaltsen Tharchin experimentó su primer trance. Su padre era también médium de un dios protector local y vivía retirado en el valle de Lhalung, cerca de Nechung, en una ermita construida por un *kuten* anterior.

En Nechung estallaron muchas tensiones entre el hijo, que era muy orgulloso, y la comunidad de monjes, y el padre se mezcló en ellas. No obstante, en el entorno del *kuten* había verdaderos eruditos, como su secretario Yeshé Yarphel, cuya ciencia en materia religiosa y filosófica era inmensa, y quien, en 1907, había supervisado la restauración de las salas del monasterio dedicadas a las ofrendas, y de la sala en la que se encontraba la inmensa colección de libros del Tanjur, reuniendo los comentarios que los grandes maestros indios hicieron sobre las enseñanzas del Buddha.

Como la situación iba agravándose, el Dalai Lama decidió destituir a Gyaltsen Tharchin y lo exilió en la región meridional de Lhokha, donde, a mediados de la década de 1920, se convirtió en el administrador de unas tierras que poseía la familia Bhroumpa, cuyos herederos eran todavía menores. Su padre fue exiliado a Samyé.

En ese momento se produjo un suceso totalmente ines-
perado. El Dalai Lama volvió a nombrar en sus funciones
al decimosegundo *kuten*, Lobsang Sönam, después de que
este entrase de nuevo en trance en presencia de miembros del
Gobierno. Este *kuten*, cuyo pasado había dejado planear una
duda, marcó con una huella profunda la historia del Tíbet.

En efecto, durante las celebraciones del año nuevo tibetano de 1932, Lobsang Sönam entró en trance para adver-
tir al Dalai Lama del peligro inminente que planeaba sobre
su vida; le reveló que estaba enfermo y que era urgente que
diese algunas directrices al país para asegurar su estabilidad
futura. Así pues, Thubten Gyatso publicó un texto conocido
como su «testamento», algunos de cuyos pasajes se han reve-
lado proféticos.

El Dalai Lama exponía en él un mensaje bastante simple,
pero crucial para el Tíbet: era imperativo que toda la población permaneciera unida porque había un peligro que se mostraba amenazador. Los orígenes de este peligro eran múltiples: los abusos de poder de los poderosos que olvidaban que
su función era, en primer lugar, trabajar para el bien de todos;
los monasterios que se apartaban demasiado fácilmente de
su función fundamental, orar y meditar. Finalmente, puso en
guardia contra el comunismo que, ya a comienzos de la década de 1920 había reducido el budismo y la sociedad tradicional a la nada.

«No habrá que esperar mucho tiempo –escribió el Dalai
Lama–, antes de que la amenaza roja esté a nuestras puertas.
La confrontación directa no es más que cuestión de tiempo, venga del interior o de una nación extranjera. Cuando
esto ocurra, tenemos que estar preparados para defendernos,
pues de otro modo nuestras tradiciones espirituales y nuestra manera de ser desaparecerán. Hasta los nombres de los

Dalai Lamas y los Panchen Lamas se olvidarán, como los de los otros maestros, los de los dirigentes de los linajes espirituales y de los santos. Los monasterios serán saqueados y destruidos, los monjes y las monjas, asesinados o expulsados. La gran obra de nuestros reyes de la enseñanza [los principales emperadores tibetanos] será destruida y todas nuestras instituciones espirituales y culturales serán perseguidas, destruidas, olvidadas. Los derechos obtenidos por el nacimiento y la propiedad se robarán, nos convertiremos en esclavos de nuestros conquistadores y vagaremos sin apoyo como mendigos.Todo el mundo se verá obligado a vivir en la miseria, las noches y los días pasarán lentamente, sumidos en un gran sufrimiento y un gran terror.»

La enfermedad que había sido evocada por el *kuten* se agravó y el Dalai Lama se retiró progresivamente de las decisiones. En diciembre de 1933, su salud estaba en su punto más bajo, luego cayó en un estado semicomatoso. El 16 de diciembre, se hizo venir a Lobsang Sönam quien, en trance, prescribió un remedio. Una vez preparado el remedio salvífico, dio la impresión de que el Dalai Lama quería hablar, pero, demasiado debilitado, solo pudo emitir un soplo de voz. Hubo que administrarle fuerza. Por la noche se le dio un segundo remedio, pero al amanecer del día siguiente daba su último suspiro.

Inmediatamente apareció una duda sobre la causa del fallecimiento. Se consideró que había varios culpables posibles, pues el Dalai Lama había sabido crearse enemistades, tanto en el campo religioso como en el político. La voluntad de reforma que había expresado durante una gran parte de su reinado había chocado con el conservadurismo de algunos, o bien había abierto involuntariamente la puerta a ambiciones de todo tipo. La Asamblea manifestó inmediatamente su descontento contra Kunphela, antiguo favorito del Dalai Lama y ambicioso reformador, que deliberadamente había dejado a los miembros de la Asamblea y a los oficiales del Gobierno en la ignorancia respecto a la enfermedad del jefe del Estado. Se interrogó a los principales protagonistas sobre las condiciones exactas del fallecimiento y, a la vista de los errores de juicio que se habían cometido, tres actores de este trágico suceso –entre ellos Kunphela y el médico– fueron condenados al exilio. En cuanto al *kuten*, fue colocado en residencia vigilada en el colegio Losel Ling del monasterio de Drépung. Más tarde, pudo volver a Lhassa, donde altos dignatarios del Gobierno y visitantes más corrientes acudían discretamente a visitarlo para pedirle consejo. Murió en 1936.

El decimoquinto kuten, *Lobsang Namgyal*

Ese mismo año, el protector de Nechung se manifestó a través del nuevo *kuten*, el decimoquinto Kuten, Lobsang Namgyal. Era monje y formaba parte de la administración gubernamental. Generalmente, el *kuten* tiene como función dar indicaciones que permitan encontrar la reencarnación del Dalai Lama, ahora bien, hacía tres años que el decimotercer Dalai Lama había fallecido y, en ausencia del *kuten* de Nechung, el gobierno se volvía hacia otros *kutens*, como el de Gadong, el segundo oráculo del Estado.

Por otra parte, Réting Rinpoché, que aseguraba la regencia, había tenido ya una visión muy precisa de una casa con tejas azules, las sílabas «Ah», «Ka» y «Ma», y de un monasterio de tres pisos, elementos todos ellos que permitirían encontrar al decimocuarto Dalai Lama. Durante el primer mes del año del Ratón de Fuego (febrero-marzo de 1936), se pidió al *kuten* de Gadong que diese informaciones respecto al de Nechung.

En presencia de Réting Rinpoché y de miembros de diferentes servicios del Gobierno, se procedió a los rituales preparatorios para el trance de Gadong, el cual, moviéndose y danzando, declaró que el *kuten* tan esperado era un hombre originario del pueblo de Denbag. Entonces, este se apoderó violentamente del monje administrador, Lobsang Namgyal, que estaba entre los asistentes, lo zarandeó en todas direcciones y le puso una bufanda de seda. Todos los presentes quedaron estupefactos y se preguntaban qué significaba ese gesto del protector. Lobsang Namgyal mostró de repente una terrible cólera y corrió a ocultarse en un rincón del templo que cobijaba el *stupa* funerario del noveno Dalai Lama, Lungtog Gyatso. El *kuten* de Gadong se hundió, su trance había terminado. La agitación y el asombro eran extremos, todos hacían sus comentarios, porque Lobsang Namgyal era, ciertamente, originario de Denbag; los miembros del Gobierno partieron inmediatamente a su búsqueda. Consiguieron sacarlo de su escondite, gimiendo como si estuviera enfermo.

En realidad, tenía su primer trance. Se le hizo ofrenda de los ornamentos del *kuten* de Nechung, ofrendas de luces y otras ofrendas rituales. Luego, el *kuten* de Gadong, de nuevo en trance, tomó la mano del regente Réting en una de sus manos, de la otra tomó la del nuevo *kuten* de Nechung y puso las dos manos una sobre la otra. Finalmente, se desvaneció. Inmediatamente después le tocó a Lobsang Namgyal perder el conocimiento. El asunto estaba claro para todos: Nechung había vuelto para ayudar en las investigaciones de la reencarnación de Su Santidad el Dalai Lama. Más adelante, ese mismo año, el regente Réting y el *Kuten* de Nechung se reunieron en el monasterio de Samyé para realizar ofrendas. El descubrimiento del decimocuarto Dalai Lama tuvo lugar poco después, en febrero de 1937, y su reencarnación fue confirmada por Nechung. Murió en 1944.

Lobsang Jigmé y la huida del Dalai Lama

El siguiente *kuten*, el decimosexto, era originario de Lhassa y se llamaba Lobsang Jigmé. Tuvo su primer trance en 1944. Como norma, Péhar, a través de su poderoso ministro Dorjé Dragden, nunca se manifiesta en el cuerpo de un niño ni de un adolescente. Lobsang Jigmé es un caso particular. Desde su infancia había conocido momentos en los que se sumía en un estado extraño y adoptaba posturas físicas que asombraban a todo el mundo.

Entró en el monasterio de Nechung y cuando no era más que un adolescente de catorce años, justo depués de la muerte de Lobsang Namgyal, comenzó a ejecutar la danza del *kuten* en trance. A la vista de la rareza del suceso, el oráculo de Gadong fue consultado enseguida; confirmó que se trataba del protector de Nechung que se manifestaba de nuevo. Varios factores parecían indicar que había sido elegido por Dorjé Dragden; no obstante, quedaba una duda, ya que varias personas habían entrado en trance y podía pensarse que estaban poseídas por el protector de Nechung. Se procedió a una tirada de suerte, convencidos de que el poder del dios les guiaría y permitiría descubrir al verdadero candidato. En medio de una gran ceremonia en la que se mezclaban invocaciones y oraciones, de la urna salió el nombre de Lobsang Jigmé. Por tanto, no había ya razón alguna para dudar de que fuese el *kuten*. Era la primera vez que un *kuten* procedía del monasterio de Nechung y era la primera vez que era tan joven.

Lobsang Jigmé ha sido muy importante para el Tíbet, y más modestamente, yo diría que lo fue también para mí, ya que fue uno de mis primeros guías espirituales y siempre me mostró mucho cariño. Desde sus primeros grandes trances, que tuvieron lugar en la gran sala de recepción del palacio de Potala en 1949, sus profecías fueron numerosas y acertadas. Ese año, el Gobierno preguntó sobre China. La revolución comunista estaba en plena efervescencia y todos tenían en mente las siniestras advertencias lanzadas por el decimotercero Dalai Lama. Ciertamente, a pesar de su carácter solemne, nadie las había tenido en cuenta verdaderamente y habían quedado como letra muerta.

Ahora que el testamento de Thubten Gyatso parecía profético, reinaba la inquietud. La respuesta del *kuten* fue asombrosa. En lugar de hablar, se giró hacia el este y sacudió la cabeza con una violencia extrema inclinándose hacia China. Hay que saber que en ese momento el casco que llevaban los *kutens* durante el trance pesaba unos treinta kilos. Él se inclinó de ese modo violento una quincena de veces, algo que solo era posible por la potencia de Dorjé Dragden, pues un hombre ordinario se habría roto la nuca solamente al bajar la cabeza. No obstante, habituados al carácter a veces violento del *kuten*, los miembros del Gobierno, incluido el Dalai Lama, estaban horrorizados por el frenesí y la terrible furia que se desprendían de él ese día. El mensaje mudo de Dorjé Dragden era, desgraciadamente, de una gran claridad para todos: la violencia y el peligro iban a venir del este, de China.

Después de la derrota de nuestros ejércitos y la firma del «acuerdo en 17 puntos» en 1951, la situación empeoró rápidamente. El Dalai Lama y el Gobierno tuvieron que ir a China (1954-1955) y, a su vuelta, el futuro del Tíbet parecía todavía más sombrío. En febrero de 1956, durante las festividades de año nuevo del año del Mono de Fuego, el *kuten* en trance hizo una observación al Dalai Lama que no dejó de extrañarlo. Inclinándose ante el maestro del Tíbet, que estaba sentado en su trono, le susurró: «¡La luz de Yishin Norbu, la Joya que satisface todos los deseos, brillará en el oeste!».

Yishin Norbu es uno de los nombres que se da a Su Santidad y hoy en día se sabe lo profética que era esa frase.

En noviembre de 1956, a pesar de las reticencias de los representantes del Gobierno chino que estaban en Lhassa, el Dalai Lama pudo acudir a la India, a la invitación de la Mahabodhi Society, que reagrupaba a los buddhistas de todas las escuelas de Asia. Se trataba de participar en las grandes fiestas que celebran el Buddha Jayanti, el 2.500 aniversario del nacimiento del Buddha. El Kuten Lobsang Jigmé estaba de viaje, igual que el *kuten* de Gadong. Toda la delegación tibetana visitó los principales lugares santos: Bodhgaya, Sarnath, la universidad monástica de Nalanda... Qué duda cabe de que ese viaje tenía también un carácter político. Su Santidad se vió con Zhou Enlai, entonces ministro de Asuntos Exteriores de China –en visita oficial en India– y en varias ocasiones se vió con el pandit Nehru. En cada conversación quedaba claro que la situación del Tíbet resultaría muy delicada para la India, la cual no podía oponerse directamente a China sosteniendo al gobierno de Lhassa. Se estaba en un *impasse*.

Con el paso del tiempo, el Gobierno chino se impacientó y pidió a Su Santidad que volviera a Lhassa. Él no sabía qué hacer. Sus dos hermanos, Taktser Rinpoché y Gyalo Thondup, que se habían unido a los peregrinos, lo animaban a quedarse. Lukhangwa, un antiguo primer ministro del Gobierno tibetano, forzado a dimitir por los chinos, había logrado abandonar el Tíbet bajo pretexto de realizar una peregrinación; durante una entrevista con Su Santidad, también él lo animó a quedarse en la India. Todos le aseguraban que tendría el apoyo de Estados Unidos si tomaba esa decisión. Por otra parte, los chinos parecía que querían hacer un esfuerzo y existía una posibilidad, ciertamente pequeña, de que al permanecer en el Tíbet, el Dalai Lama pudiera conservar la identidad y las tradiciones religiosas tibetanas. Además, irse ahora, sin haberlo intentado todo, habría sido como abandonar a la población a su funesta suerte, dejando campo libre a la omnipotencia china. De ese modo habría roto uno de sus compromisos religiosos expresado en muchas oraciones:

> «Desde ahora y hasta el completo despertar, pueda liberar a los que sufren, pueda ser el guía de los que vagan en el océano del sufrimiento, ¡que todos los seres puedan obtener el estado de buddha!».

Indeciso, dudando, Su Santidad convocó al *kuten* de Nechung y al de Gadong para pedir consejo acerca de lo que más tarde llamó su «cámara alta», la asamblea de los protectores, de los Buddhas y de sus múltiples formas. Durante sus trances, Gadong y Nechung fueron unánimes: tenía que volver al País de las Nieves. Su Santidad, que ya se inclinaba a volver, decidió regresar a la capital.

Pese a todos sus esfuerzos, la situación no dejó de empeorar hasta el mes de marzo de 1959. La tensión se hizo insoportable en Lhassa, donde cada vez el ejército chino era más numeroso y patrullaba por todas partes, y la población terminó por sublevarse, harta de las vejaciones, la falta de libertad, el desprecio de que hacían gala los ocupantes. El 5 de marzo, los chinos invitaron al Dalai Lama a ir sin escolta a un espectáculo ofrecido en su cuartel general de Siling Bhuk. Al mismo tiempo se desarrollaban ceremonias durante las cuales el *kuten* entró en trance. Durante su primer trance, que tuvo lugar por la mañana muy temprano, se inclinó respetuosamente ante el Ganden Tripa, el jefe de los Gelugpas, que dirigía los rituales que tenían lugar en Jokhang, la «catedral» de Lhassa. Luego, se inclinó ante la estatua de Jowo, la más venerada de todo el país. Dos altos dignatarios se acercaron a él en ese momento para pedirle consejo acerca de la invitación de los chinos. Se quedó en silencio. Ellos insistieron. El *kuten* permaneció todavía en silencio y luego, de golpe, dio un salto para entrar en una sala de oración. Los dos hombres bloquearon inmediatamente la entrada y volvieron a formular una vez más la pregunta. Esta vez, el protector declaró: «Por la Joya, por Su Santidad, no es el momento de hacer una visita». Desde entonces, dejó de aconsejar al Gobierno, y reservó sus palabras para Su Santidad.

El 9 y el 10 de marzo, la población de Lhassa se sublevó y se levantaron barricadas mientras crecía el rumor de que el Dalai Lama estaba en peligro. Su Santidad convocó al *kuten* de Nechung para aclarar la conducta a seguir. A pesar del contexto extremadamente difícil, el protector le dijo que tenía que quedarse. A la vista de la explosiva situación que atravesaba el país, y del riesgo evidente que corría al quedarse, el Dalai Lama dudó de lo bien fundada de esta respuesta y procedió él mismo a una adivinación. La respuesta era la misma: contra todo pronóstico, tenía que quedarse. En los días siguientes, el Kuten Lobsang Jigmé fue interrogado de nuevo y su respuesta siguió siendo la misma: quedarse. El Dalai Lama procedió una vez más a una adivinación, y de nuevo confirmó lo que había dicho Dorjé Dragden. Finalmente, el 17 de marzo, el oráculo exclamó: «¡Váyase, váyase! ¡Esta noche!». Como si esta advertencia no bastase, buscó algo con lo que escribir y trazó un itinerario preciso que permitía abandonar el palacio de verano y llegar a la frontera con toda discreción. Al dar esas indicaciones en el último momento, Dorjé Dragden había evitado que se descubriese el secreto de la huida.

Cuando se supo en Nechung el papel fundamental que el *kuten* acaba de desempeñar en su huida, esto supuso un verdadero alivio. Pero la presión china se acentuó. Después del Dalai Lama, algunos monjes de Nechung, entre ellos Lobsang Jigmé, lograron huir hacia la India; después de haberse alojado en campos de tránsito, pudieron instalarse en dos casas, primero en Amarnatha, luego en Najarakoti, donde redoblaron los esfuerzos para conservar la tradición que nos es propia.

El *kuten* siguió con su tarea de oráculo del Estado, trabajando con energía por la salvaguarda de la enseñanza del Buddha. Murió en 1984, después de haber sido el oráculo del Estado durante cuarenta años. Para todos, para los tibetanos, para nosotros, monjes de Nechung, para Su Santidad el Dalai Lama también, tuvo un papel esencial porque, a través de él, Dorjé Dragden pudo, sin fallo alguno, guiarnos por el camino más difícil de nuestra historia.

Ser *kuten*

En un instante, yo había sido como propulsado a un universo muy especial y, en cierto sentido, a pesar de mí mismo, a partir de ese momento pertenecía a un prestigioso linaje. El niño anónimo de Phari que yo era se había convertido en el oráculo del Estado y del Dalai Lama, el decimoséptimo *kuten* de Nechung. Consciente de que esto no era, a fin de cuentas, más que el fruto de mis acciones pasadas, tomé mi nuevo estatus con confianza. Después de todo, me decía, Dorjé Dragden sabía lo que hacía.

El sueño de la caracola

Durante un año realicé retiros espirituales para purificar todo lo posible este cuerpo que, a partir de ahora, era el vehículo del principal dios protector del Estado tibetano. Un obstáculo –al parecer frecuente- tenía que superarse: regularmente entraba en trance, pero me quedaba mudo y no daba ningún consejo, ninguna respuesta a las preguntas que me hacían.

Tuve una serie de sueños muy claros que, aunque empezaba a habituarme a esos sueños simbólicos, no dejaban de asombrarme. En uno de ellos iba al templo de Thedchen Choeling, que se encuentra junto a la residencia de Su Santidad. Caminaba deprisa y esperaba recibir bendiciones. Nada más entrar en el templo, me sorprendió ver una hermosa estatua de Chenrézi con cuatro brazos, colocada en el trono del Dalai Lama. Mi sorpresa no procedía de la propia estatua, sino del hecho de que llevase gafas, ¡como el Dalai Lama! Me detuve un momento a observarla cuando comenzó a moverse despacio, ligeramente. Miré alrededor y no veía a nadie. Entonces, me acerqué respetuosamente al trono y, poco a poco, la estatua se transformó en Su Santidad. Un magnífico Buddha hecho de luz apareció encima de su cabeza, inundando todo con dulzura. En ese momento, una inmensa oleada de emoción me invadió y, con humildad, me incliné ante esta magnífica aparición.

Finalmente, retrocedí para apreciar mejor las otras estatuas del altar, una de Padmasambhava y otra de Chenrezi. La de Padmasambhava era tan alta que apenas podía llegar a sus pies. Lleno de fé, me incliné ante la estatua y le ofrecí una bufanda de ceremonia, de seda blanca, que no pude colocar más que en sus pies. Para mi enorme sopresa, Padmasambhava se levantó, cogió la bufanda y volvió a sentarse cómodamente. Estupefacto y feliz al mismo tiempo, observaba al maestro que estaba como vivo ante mí; él se inclinó y me sonrió con dulzura. Ante él se habían colocado muchas ofrendas: alimentos, luces, incienso... En una de sus manos tenía un *vajra*, ese pequeño cetro que simboliza al mismo tiempo la energía pura y la indestructibilidad del espíritu. En la otra tenía un albaricoque que me ofrecía inclinándose. Pero era tan grande que

apenas podía cogerlo. En ese momento ví que el albaricoque se transformaba en una espléndida caracola, blanca y lisa
como la seda. Estaba muy asombrado, pero Padmasambhava
me hizo una señal para que me callara. Conseguí coger la caracola y dí la vuelta al trono del Dalai Lama. En ese momento me desperté.

Inmeditamente me pareció que estaría bien contárselo a
Khamtrul Rinpoché, quien seguía siempre de cerca mis experiencias y de vez en cuando anotaba los progresos que yo hacía, según él. La interpretación que hizo de este sueño era muy
positiva y daba ánimos; la caracola era el símbolo del sonido
liberador de la enseñanza del Buddha. Que Padmasambhava
me la ofreciera significaba que pronto Dorjé Dragden se ex-
presaría. Su bendición abriría, sin duda alguna, el canal sutil
de la palabra.

La pizza de Kyabjé Ling Rinpoché

Poco después tuve otro sueño. Esta vez, me dirigía hacia la
casa de Ling Rinpoché para pedirle que me concediera su
bendición. Hacía entonces casi un año que se había encontrado su reencarnación, pero el que yo había conocido estaba allí, tranquilamente sentado en una silla, como solía hacer.
Yo me incliné para ofrecerle una bufanda de ceremonia y me
disponía a reemprender el camino de vuelta cuando tuve la
sorpresa de ver al antiguo Ling Rinpoché compartir su comida con el nuevo Ling Rinpoché. Comían una especie de *pizza* y los dos me invitaron a su mesa.

En ese momento, Ling Rinpoché me pidió que cortara la
pizza para comérnosla juntos. Yo aprovechaba para explicar-
le que era el nuevo *kuten* pero que, hasta el momento, Dorjé
Dragden todavía no había hablado. Poco después los dejé y

fui hacia su antigua casa. Él estaba también allí, sentado en
un trono, con la mirada dirigida hacia el Tibetan Children
Village, donde había nacido su reencarnación en 1984. Yo estaba estupefacto, acababa de dejarlo y ahora me encontraba
de nuevo en su presencia. Dirigiéndose a mí, Ling Rinpoché
me aconsejó leer los libros escritos por Longdol Lama, un
discípulo del séptimo Dalai Lama, Kalsang Gyatso, que fue
uno de los mayores eruditos del linaje Gelug en el siglo XVIII.
Sus obras, una treintena, abarcaban el conjunto desde la enseñanza del Buddha, de la disciplina monástica a las técnicas
más sutiles de los yogas interiores. Mi sueño terminaba con
esos consejos.

Primeras palabras

Yo se lo conté a Su Santidad, quien declaró que Dorjé Dragden
estaba, sin duda alguna, a punto de expresarse. El 28 de febrero de 1988, esto es, el décimo día del primer mes del año
del Dragón de Tierra, entré en trance delante de él y, por primera vez, Dorjé Dragden se expresó. Nadie comprendió lo
que decía, pero todos reconocieron esta voz tan especial del
kuten en trance. Yo tenía la misma voz, las mismas entona-
ciones que mi predecesor.

Cuando, después del trance, comprendí que Dorjé Dragden
había hablado por fin, no pude impedir volver a pensar en mi
sueño del templo de Thekchen Choeling. El décimo día de
los meses tibetanos es el día de Padmasambhava, un día durante el cual se celebra, para el bien de todos, un ritual de
ofrendas dedicadas a nuestro «segundo Buddha». Todo estaba allí: el Dalai Lama, manifestación humana de Chenrézi, en
su trono, las ofrendas hechas a Padmasambhava, y el propio
Padmasambhava, cuya presencia ilumina este día especial.

La caracola que él me había ofrecido en el sueño había permitido expresar por primera vez la voz de Dorjé Dragden.

EL TRANCE

En primer lugar, tuve que familiarizarme con ese estado de trance que se producía cada vez que comenzaba el ritual de invocación. Es un estado bastante difícil de describir, porque, a fin de cuentas, en realidad yo no sé lo que se produce cuando Dorjé Dragden me inviste.

Una prueba física

En los días que preceden al ritual, tengo que prepararme física y espiritualmente; no como carne y realizo una práctica especial de Hayagriva, el Chenrézi iracundo. La sensación que tengo al comienzo es comparable a la que se tiene cuando se va en avión y se pasa por un agujero de aire, una sensación de vértigo y de pesadez al mismo tiempo. Después tengo la sensación de una vibración que empieza por los pies y sube acentuándose. Luego, todo da un vuelco, ya no siento nada realmente especial, no sé lo que digo ni lo que hago. Por lo menos, si tengo algún recuerdo de ello, es extremadamente vago e incierto.

Algunos de los *kutens* que me han precedido han tenido problemas de salud causados por los trances. Podía también darse la situación inversa; así, mi predecesor había contraído la tuberculosis al llegar a la India. Sufría realmente con ella, pero cuando estaba en trance nada hacía suponer que tuviera un problema respiratorio. En mi caso, los primeros trances eran penosos, pues me costaba soportar la aceleración del pulso, el aumento de la presión arterial, la respiración jadeante y el hinchamiento del cuerpo.

Progresivamente, esos desarreglos han desaparecido, o se han reducido tanto que ya no sufro con ellos. Se dice también que algunos *kutens* padecieron perturbaciones mentales. No puedo confirmarlo. En mi caso, simplemente me encuentro agotado después del trance y tengo que quedarme acostado un rato, pero no tengo otros problemas. Aunque todavía no se ha dado en mi caso, y quizá nunca se dé, algunos *kutens* han ejecutado danzas extremadamente peligrosas, saltando literalmente muros, llevando a cabo la danza de Dorjé Dragden en condiciones muy peligrosas. Que yo sepa, nunca ha habido ningún accidente, pero el hecho es que la potencia expresada por Dorjé Dragden puede ser espectacular, de ahí los riesgos físicos para el *kuten* y para los que están cerca de él. Por otra parte, cuando Su Santidad me convoca para un trance particular, tiene cuidado en sentarse a distancia, pues mis gestos no son previsibles.

Los trajes sagrados

Los trajes que me pongo son todos simbólicos. Fueron diseñados por Sangyé Gyatso, el regente del quinto Dalai Lama. Tuvo una visión muy clara de ellos y pensó hacer una reproducción. Por esta primera razón, mis trajes de *kuten* son especialmente respetados. Aparte de eso, lo son porque expresan el marco sagrado en el que Dorjé Dragden se expresa.

–Las botas están hechas según el modelo de las botas mongoles y recuerdan los orígenes de Péhar, son multicolores como un arcoíris, y la parte más baja es blanca;

–Una especie de abrigo, grande, me recubre. Está hecho de bordados multicolores que simbolizan el hecho de que

Dorjé Dragden nunca abandona a nadie y está siempre animado por la compasión y el maravilloso espíritu altruista;

–La «armadura» simboliza la derrota de los cuatro demonios, es decir, los agregados que forman los componentes de la existencia, las emociones, la impermanencia y las distracciones causadas por los sentidos; vencidos, no pueden manifestarse ya de nuevo;

–A la derecha, un carcaj, el arco y las flechas, simbolizan los medios hábiles mediante los cuales los maestros despiertos ayudan a los seres;

–A la izquierda, la magnífica espada simboliza la sabiduría, cortante y poderosa como una espada bien afilada;

–El adorno dorsal simboliza el hecho de dejar detrás de sí esos falsos amigos que son los actos ordinarios pertenecientes al mundo fenoménico;

–Los tres estandartes, también en la espalda, simbolizan las emociones producidas por los tres venenos fundamentales que son la ignorancia, el deseo y el apego, la cólera y la aversión, de los que hay que liberarse progresivamente hasta el despertar completo;

–Los cuatro colgantes de seda muestran que una vez los cuatro demonios vencidos han sido investidos por los «cuatro ilimitados», es decir, el amor ilimitado hacia todos los seres, sin distinción alguna, la compasión ilimitada hacia todos los seres cuya existencia es fundamentalmente sufrimiento, la alegría ilimitada ante las virtudes y la pureza espiritual, finalmente la ecuanimidad ilimitada que hace que se tenga una mirada igual hacia todos y sobre todo;

–El espejo de metal que llevo a la altura del corazón tiene un simbolismo complejo. Está muy adornado, rodeado de amatistas y de turquesas incrustadas en el metal, y lleva la sílaba-simiente de Dorjé Dragden, la esencia de su palabra. Brevemente, ese espejo simboliza el hecho de que la mente

pura está más allá de la existencia condicionada por las emociones, pero también más allá de la liberación de esas emociones. En otros términos, la mente plenamente liberada está
más allá del *samsara* (el condicionamiento) y del *nirvana*
(la extinción del condicionamiento). Desde allí, en el espejo,
puede surgir lo que caracteriza a una u otra dimensión de la
mente. Es también la expresión de la sabiduría llamada «parecida al espejo», que es una de las facetas de la mente despierta.

El casco que llevo en el momento del trance tiene también un
simbolismo complejo:

–Forma como una corona adornada con cinco cráneos que
corresponden a las cinco sabidurías de las que se halla investido Dorjé Dragden: la sabiduría de la realidad absoluta, la
sabiduría similar al espejo, la sabiduría ecuánime, la sabiduría discriminativa, y la sabiduría de la realización plena;

–Las plumas de pavo real, con colores tornasolados, son
como la sabiduría discriminativa que permite percibir al mismo tiempo, con la misma agudeza, lo uno y lo múltiple;

–Entre las plumas de pavo real se ve una joya denomina-
da *angzer*, marcada con una espada que simboliza la sabiduría de la realización plena;

–En el centro de esta cofia se halla un ornamento de cinco puntas que simboliza la victoria total y absoluta sobre los
actos ordinarios;

–En la parte superior de los estandartes hay un adorno
precioso que simboliza la sabiduría ecuánime, el hecho de
que, desde siempre, la existencia condicionada, el *samsara*,
y la extinción de todo sufrimiento, el *nirvana*, residen en el
estado ecuánime de la vacuidad, que no es una nada, sino a la
vez la fuente de todo y su extinción;

–Cinco colgantes de seda simbolizan la incapacidad que

tienen los demonios para vencer a las cinco sabidurías omni-
potentes;

–Finalmente, ornamentos hechos de plumas de buitres
muestran la fuerza y el carácter absoluto del abandono de
toda forma de actividad llamada «negra», es decir, perjudi-
cial, de una manera u otra, a la liberación espiritual.

Desarrollo del trance

El trance se desarrolla siempre de la misma manera. Yo per-
manezco sentado durante la oración de invocación y los signos del trance aparecen, generalmente, con bastante rapidez.
La respiración cambia, se vuelve jadeante, el rostro se pone
rojo, estoy irreconocible.

Entonces me ponen la cofia. Normalmente, sería imposible para una persona normal llevar todos los ornamentos del
kuten sin tener que sufrir físicamente, sabiendo que son extremadamente pesados; solo el casco pesa más de quince kilos. En el Tíbet, el traje era todavía más pesado. Admitiendo
que una persona los lleve sin estar en trance, le sería imposible saltar y danzar con él, a menos que fuera excepcionalmen-
te fuerte. La cofia está fijada con una especie de arnés lo más
apretado posible; me atan también los estandartes y las sedas.
Junto a mí hay siempre cuatro asistentes que están ahí para
ayudarme a caminar durante el trance, para recoger las palabras de Dorjé Dragden, y para evitar que el *kuten* se hiera o
hiera a alguien. Esto podría suceder, ya que la danza que efec-
túo, espada en mano, puede ser extremadamente enérgica.

Extrañamente, aunque la cofia rompería el cuello de cualquiera que la llevase, no me hace nada. Sin embargo, yo no
soy muy musculoso, como era mi predecesor. Tengo un físico ordinario, pero una vez investido por el dios protector, lo

que se expresa es su poder. De modo que no se puede comparar entre lo que soy en mi vida ordinaria y lo que soy cuando soy el *kuten* en actividad.

Una vez en trance, voy a rendir homenaje al Dalai Lama y le hago algunas ofrendas. Él me pregunta algo, si es necesario, y Dorjé Dragden dice lo que tenga que decir. A continuación, el protector se dirige finalmente a las otras personas que se hallan presentes: miembros del Gobierno o religiosos de alto rango. Finalmente, tras una última ofrenda al Dalai Lama, el trance se detiene y yo pierdo el conocimiento. En ese momento, todo ha de hacerse muy deprisa. Mi ayudante, que se halla siempre detrás de mí, me sostiene para que no me caiga al suelo, e inmediatamente me quitan el casco, sin lo cual podría morir.

Por mi parte, yo no sé de los trances más que lo que me dicen o lo que he podido ver en algunas películas.

Si, durante el trance, el *kuten* hace ofrendas al Dalai Lama, es que Dorjé Dragden es su servidor. Sometido por Padmasambhava, no puede estar situado o ser considerado más que en un lugar inferior, a diferencia de los distintos aspectos del Buddha ante los cuales, al contrario, se colocan ofrendas y uno se inclina. Como Dorjé Dragden era anteriormente de esencia demoníaca, es preciso recordarle, de algún modo, su sometimiento. Él mismo muestra respeto hacia Su Santidad, puede incluso –era el caso a través del Kuten Lobsang Jigmé, cuando el Dalai Lama era niño– manifestar una cierta familiaridad hacia él. Pero, como dice Su Santidad, tratar con este protector «no es algo fácil». En efecto, nadie sabe de antemano cómo se desarrollará el trance, ni cuándo comenzará, ni cuándo terminará, ni a quién se dirigirá el *kuten*, aparte del Dalai Lama. También puede mostrarse irrespetuoso hacia algunos miembros asistentes o no responder a las preguntas formuladas, o bien, al contrario, dirigirse a una persona que no pregunta nada y establecer vínculos personales con otros.

Un dios a veces familiar

Ese fue el caso, por ejemplo, con Lobsang Jinpa, un dignatario del Tíbet en el exilio. Cuando era presidente del Congreso de la Juventud Tibetana, en 1980, fue elegido miembro de la segunda misión de investigaciones enviada por el Gobierno tibetano en el exilio para visitar el Tíbet. Durante una reunión en la que se había producido un trance, Dorjé Dragden se dirigió directamente a él diciéndole: «Tienes que llevar en tu corazón los consejos de mi maestro Thongwa Tönden [Su Santidad]; yo, la forma invisible, te ayudaré». De hecho, Lobsang Jinpa sintió varias veces la presencia y la acción del dios, especialmente un día, en el extremo sur de Kham, en Gyalthang[3] (Yunnan), su coche se quedó atrapado en un gigantesco derrumbamiento de la montaña. A pesar de que todo quedó destruido y patas arriba, como puede imaginarse, el coche no recibió más que una lluvia de piedrecitas y los pasajeros salvaron la vida.

Nechung Chökyong debía sentir un aprecio especial por Lobsang Jinpa. En una época tuvo responsabilidades en el despacho privado de Su Santidad y, mientras asistía a su último trance antes de abandonar sus funciones, Dorjé Dragden se dirigió una vez más a él para ponerlo en guardia. «Cuando se presentan muchos obstáculos exteriores –le dijo el dios–, se corre el riesgo de ser tocado por el aliento de las fuerzas nega-

---

3. Antigua capital de un antiguo reino tibetano que los chinos rebautizaron como Zhongdian y luego, más recientemente, por razones turísticas, Shangri La.

tivas. ¡Permanece astuto y alerta!». De hecho, Dorjé Dragden le advertía de que iba a atravesar un período difícil, lo cual se demostró totalmente cierto. En otra ocasión, durante el trance del verano del 2007, Dorjé Dragden se dirigió de nuevo directamente a Lobsang Jinpa y, como había hecho antes, le cogió la mano y le dio un cordón de bendición, asegurándole que seguiría bendiciéndolo.

En realidad, no puedo más que dejar constancia de que, cuando los problemas han sacudido a los dirigentes de distintas instituciones tibetanas, o simplemente durante las dificultades personales, Lobsang Jinpa siempre ha quedado a salvo, él y su honor. Es evidente que el vínculo entre ellos es especialmente fuerte, tanto más fuerte cuanto que Lobsang Jinpa tiene un gran respeto hacia Dorjé Dragden.

Un dios fiel

Entre todos los testimonios que existen sobre Dorjé Dragden, hay uno que me parece verdaderamente interesante, ya que muestra hasta qué punto la historia de mi país ha estado unida a él. Es el de Drachi Phunrabpa Lobsang Dargyé, miembro de una gran familia tibetana que fue uno de nuestros parlamentarios y que perteneció a nuestro Gobierno en el exilio. La historia reciente de su familia es, en cierto sentido, indisociable de la de Dorjé Dragden y cuando Lobsang Dargyé supo que yo iba a contar mi vida, aceptó expresar los vínculos que mantiene con nuestro protector. Me parece que es útil ofrecer algunos fragmentos de la carta que me escribió. En ella se puede apreciar ese vínculo tan fuerte, establecido de generación en generación.

«Aunque actualmente sea incapaz de hablar de ello con precisión, escribe Lobsang Dargyé, no cabe ninguna duda de que existe una relación muy estrecha de tipo religioso entre mis antepasados lejanos y el más grande de los dioses protectores del Gobierno, Péhar, emanación del rey de la enseñanza, cuya residencia es Nechung Dorjé Drayang Ling.

Mi bisabuelo, Drachi Phunrabpa Tséring Palden, y Nechung establecieron entre ellos una relación de tipo religioso extraordinariamente fuerte. Así, en la década de 1860, en Kham, Tíbet oriental, en el corazón de las montañas del Nyarong, Gönpo Namgyal padre e hijo, descendientes de Palgön, se adueñaron poco a poco y con gran violencia de muchos lugares [...] El Gobierno ascendió al grado de comandante jefe al ministro Phulung Tséwang Dorjé con la misión de perseguir a Nyagké Gönpo Namgyal, padre e hijo. El año del Cerdo de Agua, el 9 de febrero de 1863, los comandantes Trimön Chimé Dorjé, Dokhar Tséwang Norbu, y el tesorero Phunrabpa Tséring Palden fueron enviados desde Lhassa con un ejército hacia el Nyarong con el fin de controlar la rebelión.

Antes de salir de Lhassa, Phunrabpa Tséwang Palden solicitó un trance a Nechung, el gran protector de la enseñanza. Le pidió que, mediante su actividad, la paz y la concordia se propagasen por todas partes, según su aspiración. El protector le contestó que, para la realización de sus deseos, hacía falta que hiciese, allí donde vivía [Nechung], una estatua del segundo Buddha de Oddyana [Padmasambhava]. Phunrabpa hizo modelar inmediatamente una pequeña estatua de arcilla del Maestro en el templo de Nechung.

[...] El séptimo mes de 1865, el fuerte de la montaña fue asediado; el día 9 del octavo mes, hubo que incendiar la fortaleza enemiga, en la que perecieron quemados Gönpo Namgyal, padre e hijo, una treintena de sus familiares y unos cuarenta notables y ministros. Todos los supervivientes, los jefes y la población, se pusieron en fila y se sometieron.

A continuación, el ministro-comandante en jefe Phulungpa se rindió en Nyarong y concedió al tesorero Phunrabpa Tséring Palden el título de *taiji* y el de Nyarong Chyikyab, gobernador de la región de Nyarong.

[...] Para purificar las acciones negativas y el gran número de muertos que se habían producido, para agradecer su bondad, el gran protector de la enseñanza, el *taiji* Nyarong Chyikyab Drachi Phunrabpa Tséring Palden mandó realizar una nueva cubierta de cobre dorado para el techo del templo principal de Nechung. En el templo, mandó realizar una estatua de plata de Guru Nangsi Silnön, de tamaño natural; en cobre dorado, 21 Taras, un Chenrézi Semnyi Ngalso, de tamaño natural, y otras distintas representaciones. Mandó hacer también distintos objetos rituales, entre ellos una lámpara de oro y, por otra parte, objetos que el monasterio necesitaba. Para asegurar unos ingresos regulares por los rituales de la comunidad, donó un dominio heredado de su padre Phunrabpa, en Lhokha, incluido todo, casas y tierras.

Phunsé era el nombre de mi abuelo, célebre hijo de Drachi Phunrabpa Tséring Palden. También él ofreció sus bienes a Nechung.

Mi padre, Drachi Phunrabpa Kunzang Tsültrim, también fue monje en Nechung durante su infancia. [...]

Hacia los veintiséis años, volvió a la vida laica. [...] Teniendo en cuenta la fuerza del vínculo sagrado de corte religioso que había existido entre Nechung y mis antepasados de la familia Drachi Phunrab, el monasterio dio a mi padre el dominio religioso de Tsomo Jang en Lhokha, el más pequeño de los dominios que los Drachi Phunrab habían donado antiguamente. El monasterio le donó también algunas estatuas.»

A continuación, también Lobsang Dargyé fue monje en Nechung, en su juventud; luego, fue elegido diputado del parlamento en el exilio en 1969. Toda su actividad, privada o pública, estuvo inspirada por ese vínculo tan fuerte con el protector de Nechung!

Ayudar a los demás

Junta a esta percepción sincera y llena de respeto, puede suceder que no se tenga en cuenta más que el aspecto extraordinario del fenómeno de la posesión. Así, es posible que se me quiera considerar como un oráculo ordinario al que se consulta para saber si se está enfermo, si los negocios irán bien, etc. Esta no es mi función y no lo será nunca. Dorjé Dragden es, sobre todo, el protector que aconseja al Dalai Lama.

No obstante, puede que yo intervenga directamente, a título personal, para aliviar a las personas que tienen problemas de salud o cuya vida se enfrenta a dificultades insuperables. Esto me sucede en Nechung, pero también cuando me desplazo durante las peregrinaciones, por ejemplo. Basta que la noticia de mi presencia se propague y rápidamente hay personas que vienen a pedirme una bendición. Yo se la concedo muy gustosamente. El Buddha señaló que el nacimiento, la enfermedad, la vejez y la muerte son las características de la existencia. En tanto que monje buddhista, me debo al servicio a los demás para aliviar sus penas. Es, por tanto, completamente natural que responda a esas peticiones lo mejor que pueda. Por consiguiente, cuando algunos enfermos vienen a verme, yo deseo muy sinceramente ayudarlos con los medios que tengo a mi alcance: la escucha y la oración. Esto no tiene nada que ver con mi función de *kuten*, es un sentimiento espontáneo y natural.

Existen distintos tipos de enfermedades, sean físicas o mentales. Algunas tienen causas simples, las producidas por una epidemia, por ejemplo. Otras tienen causas más sutiles y complejas, unidas a factores exteriores que perturban el equilibrio natural de las energías que irrigan el cuerpo. Estar a la escucha de quien sufre es ya una primera manera de apaciguar los dolores físicos o mentales. A veces, escuchar no basta; entonces hago oraciones cuyo objetivo es aligerar o transformar esos elementos perturbadores. Recuerdo, por ejemplo, a una joven que sufría crisis de epilepsia hasta el punto de que su vida se encontraba totalmente obstaculizada por su enfermedad. Sus padres me la habían presentado y desde que recé por ella está mucho mejor. No obstante, yo no soy un monje sanador. Simplemente es que se expresa la bendición de los Buddhas.

Descubrir el mundo

Cuando fui con Nechung Rinpoché a la exposición del comercio asiático de Delhi en 1972 pude vislumbrar, gracias a él, lo que era la complejidad de nuestro mundo. Algunos años antes, cuando vivía todavía en Phari, mi universo se reducía a mi país, a China, a Bhután, a Sikkim y a la India. Sinceramente, como todos los niños, aparte de mi casa y mi ciudad, no conocía nada y no tenía más que una idea muy abstracta de lo que había más allá de mis montañas. De China no tenía más que una vaga idea; no conocía de ella más que a los soldados y los oficiales del Partido Comunista y eso no me hacía tener ganas de conocer más cosas. La India permanecía, también ella, muy misteriosa, igual que Bhután y Sikkim. Solo sabía que esos países estaban muy cerca de mí. Pero ¿cómo vivían allí? Yo lo ignoraba totalmente.

Por dramático que fuese, mi salida al exilio me había maravillado por los descubrimientos que había hecho, e imaginaba que, más allá del mundo nuevo que se me abría, había otras mil cosas que descubrir, a cuál de ellas más bella. Al convertirme en *kuten*, el mundo se abría para mí, pues mi nuevo estatus hacía que el niño de Phari que yo era pudiese ser invitado aquí o allá.

Primer descubrimiento, Estados Unidos

En cualquier caso, tampoco es que el mundo me fuese totalmente desconocido. En Nechung o en Dharamsala, tuve ocasión más de una vez de encontrar a occidentales que, interesados por el budismo, venían a satisfacer su curiosidad o a encontrar respuestas a las preguntas que se hacían.

Primeros contactos

Desde mi llegada al monasterio, en 1971, había conocido a Jesse Sartain. Este joven americano, que pertenecía al linaje Gelug, era discípulo del *guéshé* Ngawang Thargyay, un erudito que enseñaba en la Biblioteca de Obras y Archivos Tibetanos, donde se reunieron todas las obras y documentos que pueden servir para preservar nuestra memoria cultural. Jesse vivía en Dharamsala con la que entonces era su compañera, en una casita llamada Minou Cottage y, regularmente, venía a Nechung para intentar enseñarnos el alfabeto occidental. Para nosotros era una experiencia extraña, a la vez simple y difícil. Simple, porque el alfabeto tibetano es mucho más complejo que el alfabeto que Jesse nos enseñaba. Nosotros tenemos treinta letras, cuatro acentos (i, e, u, o) que modifican el sonido *a* que acompaña a cada una de nuestras letras, pero las combinaciones de letras escritas arriba, letras escritas abajo, letras sufijas y letras prefijas pueden modificar totalmente la pronunciación, la cual, como en muchas lenguas asiáticas, tiene varios tonos. En inglés, las cosas eran mucho más fáciles, pues las combinaciones de letras eran muy rudimentarias y los tonos apenas existen.

En la embajada

En julio de 1989, Su Santidad tenía que enseñar y transmitir el Kalachakra en California, en Santa Mónica, cerca de Los Angeles, invitado por el *guéshé* Tsültrim Gyaltsen, quien había creado un pequeño centro de estudio y de práctica de budismo tibetano en 1978. A mí me invitaron también, con mi ayudante, Tenzin Rinchen. En la embajada, a la que nos había acompañado Sherpa Tulku como traductor, obtuvimos nuestro visado de manera bastante original. Aunque no era nada fácil para los refugiados tibetanos obtener la autorización para salir del territorio indio, nosotros obtuvimos nuestro visado de estancia simplemente porque el empleado de la embajada americana de Delhi que debía ocuparse de nuestro dosier había observado que Tenzin llevaba una camiseta con el logo de la marca Nike.

–¿Saben ustedes lo que es ese logo? Nos preguntó.

–¡Desde luego! –Afirmó Tenzin–, es una marca que me gusta mucho!

Y sin más preguntas, nos concedió el visado. Como si un monje buddhista pudiera tener un interés cualquiera en una marca, sea la que sea. De hecho, pronto comprendí que quizás había querido hacer un intercambio de buenos modales, ya que, al dejar su oficina, me entregó la tarjeta de visita y me rogó que rezase por su mujer y por él, ya que estaban desesperados por no poder tener hijos. Su sufrimiento era evidente, y le aseguré que realizaríamos oraciones para que se eliminasen los obstáculos.

Mi primer cumpleaños

¿Qué decir de Estados Unidos? Todo era impresionante, con mayor razón porque llegamos el 3 de julio, la víspera de la fiesta nacional. Todo el país estaba engalanado. La inmensidad de los paisajes, el océano –¡gigantesco!– la modernidad de las ciudades, su relativo silencio, ya que –a diferencia de la India– los automovilistas no utilizan su claxon, la diversidad de coches, de tipos de gente... todo era nuevo para mí. Quizá lo más sorprendente fue la fiesta que me hicieron el 13 de julio para celebrar mi cumpleaños. Realmente en el Tíbet no tenemos esa costumbre, pues allí, a menudo se ignora la fecha de nacimiento. La amiga que había apadrinado mi viaje había organizado en su casa, en Berkeley, una pequeña fiesta alrededor de un pastel de cumpleaños, con algunos amigos, entre ellos monjes del Namgyal Dratsang, que habían venido para asistir al Dalai Lama. Descubrí que era una tradición importante en Occidente.

Sobre todo, durante mi estancia de un mes, me sorprendió mucho observar el inmenso interés que los occidentales tienen por el budismo. En Dharamsala me había cruzado regularmente con jóvenes procedentes de Estados Unidos o de Europa, pero nunca pude imaginar hasta qué punto habían producido un impacto los viajes de nuestros grandes maestros. Estaba muy contento de volver a ver a Jesse Sartain, a quien hice saber que yo era el nuevo *kuten*.

Al volver a la India, fui recibido por la embajada de Estados Unidos. Desgraciadamente, el responsable que nos había facilitado los pasos para la obtención del visado estaba ausente. Yo le hice llegar unas palabras amistosas de agradecimiento y le dejé algunas fotos que habíamos hecho durante nuestra estancia. Diez días más tarde, recibía una carta suya en la que decía que se ponía a nuestra disposición. Yo no había olvidado su petición. Le habíamos dedicado regularmente nuestras prácticas para que se eliminasen los obstáculos que se imponían a su deseo de fundar una familia. Todos los monjes del monasterio saltaron de alegría, a finales del año siguiente, cuando recibimos la foto de los gemelos que acababan de nacer en su hogar. Quizá parezcan cosas insignificantes, pero el sufrimiento de esta pareja era muy real, cotidiana y punzante. Yo creo que nuestras oraciones dirigidas a los Buddhas han permitido aportar un poco de espacio y de luz en esa vida que, a pesar de un cierto confort material, se había vuelto dolorosa por la ausencia del hijo.

El nuevo Nechung Rinpoché

Volví a Estados Unidos en abril de 1994. Iba acompañando a la reencarnación de Nechung Rinpoché, quien había huido del Tíbet el año anterior. Su historia merece ser contada. Después de la muerte del anterior Nechung Rinpoché en 1982, era evidente para todos que pronto tendríamos la alegría de volver a verlo. Algunos años después, en 1986, el monasterio hizo la petición solemne al Dalai Lama de empezar las investigaciones formulándole dos preguntas sencillas: ¿había nacido un nuevo Nechung Rinpoché? Y en caso afirmativo, ¿dónde debíamos buscarlo? Su Santidad respondió afirmativamente y anunció que había vuelto a nacer en Lhassa, no lejos del templo Pal-lhai Chok dedicado a Palden Lhamo.

Como las relaciones con China se hallaban en una fase de relativa distensión, unos familiares de Nechung Rinpoché concibieron el proyecto de acudir a Lhassa para llevar a cabo una investigación. El Dalai Lama, consultado sobre la oportunidad del viaje, dio un consejo desfavorable, y anunció que de momento no serviría de nada ira a Lhassa. A pesar de todo, Lobsang Toldan, el sirviente de Nechung Rinpoché, partió hacia el Tíbet con otro monje; como había dicho Su Santidad, su viaje fue inútil: no llegaron a elaborar ni la más pequeña lista de candidatos potenciales. Volvieron, pues, con las manos vacías, y Nechung siguió celebrando rituales para que la situación se clarificase; Dorjé Dragden fue invocado varias veces, pero en cada ocasión decía que había que seguir los consejos del Dalai Lama.

La espera duró hasta comienzos de 1992 cuando, durante un trance, el protector anunció que Nechung Rinpoché había vuelto a nacer, que su padre se llamaba Töndrup, su madre Tséring, y que había nacido en el año del Buey. Inmediatamente, se puso en marcha una misión de investigación y se envió a Lhassa. Los monjes volvieron con una lista de doce nombres de niños nacidos en el barrio del templo de Palden Lhamo, lista que comunicaron a Su Santidad.

El Dalai Lama ignoraba todo lo que había dicho Dorjé Dragden, de modo que todo el mundo se alegró cuando designó como reencarnación del Nechung Rinpoché a un niño nacido en el año del Buey, cuyos padres se llamaban Töndrup y Tséring Dolma. Lobsang Toldan, acompañado de un monje, Dorjé, fue a Lhassa para prevenir a los padres y ver con ellos qué plan organizar para llevar al pequeño *tulku* a India. Finalmente, en 1993, los padres aprovecharon una autorización de salida del Tíbet que se les había concedido para ir a Nepal y a la India para encontrar refugio.[4]

Nueva York, Bloomington...

Como el anterior Nechung Rinpoché había tejido lazos muy estrechos con Estados Unidos, era normal que su reencarnación fuera allí lo antes posible. Un año después de su huida, la visita que Su Santidad el Dalai Lama le hizo al centro creado por Nechung Rinpoché en 1973 era una buena ocasión.

---

4. El nuevo Nechung Rinpoché fue entronizado el 15 de marzo de 1995 y desde entonces mantiene vínculos muy estrechos con el *kuten*.

Fue también el momento de dar forma a proyectos que tenían los discípulos de Nechung Rinpoché. De este modo, juntos, decidimos crear la Fundación Nechung de Nueva York apoyándonos en el pequeño grupo de discípulos que ya había creado una pequeña estructura buddhista.

Desde entonces, esta asociación se ha desarrollado mucho, como he podido observar durante otro viaje a Estados Unidos, en 1999. Durante esa estancia, que tuvo lugar con ocasión de una nueva iniciación de Kalachakra ofrecida por el Dalai Lama en Bloomington (Indiana), invitado por su hermano mayor Taktser Rinpoché que vivía allí y había fundado un centro de estudio del budismo, pude visitar de nuevo Hawai. Sobre todo, volví a ver a Jesse Sartain, quien deseaba ardientemente que fundase un centro de estudios buddhistas en Berkeley, en California, dónde él vivía. Yo no veía el interés de fundar un centro así, solo por fundarlo. Hacía falta que se crease con una perspectiva amplia, que estuviera abierto a los diferentes aspectos de la cultura tibetana. Quedé estupefacto al saber que los hijos de Sherpa Tulku, que vivía allí desde hacía poco, habían olvidado su lengua. Después de numerosos sinsabores, pues partimos de cero o casi, el Nechung Buddhist Center se fundó en el año 2000.

Actualmente, aunque yo pueda desearlo, me resulta muy difícil organizar un viaje a Estados Unidos. Mis responsabilidades en el monasterio me acaparan, mis responsabilidades en tanto que oráculo, también. No puedo ir sin visitar el centro de California, el de Nueva York, ver a los amigos que tengo allí, los padrinos que ayudan al monasterio... Hace falta que me ausente siete u ocho semanas. Por tanto, he de programarlo con tiempo de antelación, y mis amigos americanos no están a salvo de sufrir una decepción, porque, en todo momento, puedo tener que quedarme en Dharamsala si la necesidad lo indica, y anular un viaje.

Visitas a los pueblos mongoles

Cuando me convertí en *kuten*, el mundo empezaba a sufrir profundos cambios. La URSS iba a hundirse y con ella todo el antiguo bloque soviético. En 1989, signo de esta mutación profunda, Bakula Rinpoché se convirtió en embajador de la India en Mongolia. Él, que tanto había trabajado en el renacimiento del budismo en los pueblos mongoles, recibió una ayuda providencial al terminar el régimen comunista mongol (1990), seguido un poco después del reconocimiento de la libertad religiosa.

La Conferencia Buddhista Asiática

En 1990 se celebró en Mongolia la gran reunión internacional de la Conferencia Buddhista Asiática, presidida ese año por Bakula Rinpoché. Generalmente, se invitaba a una o dos delegaciones tibetanas, pero, para celebrar el premio Nobel de la paz concedido a Su Santidad en 1989, Bakula Rinpoché invitó a una delegación más oficial formada por Kalsang Yeshi, el ministro de Asuntos Culturales y Religiosos, por el secretario del ministerio Karma Gelek, por Khamtrul Rinpoché, que representaba el linaje Nyingma, y por Denma Lochoe Rinpoché, por el linaje Gelug. Yo fui invitado porque Nechung, via Péhar, tiene desde el comienzo un vínculo con los pueblos mongoles.

Entrar en ese país que había permanecido cerrado durante tantos años no era sencillo en ese momento; tuvimos que pasar por Moscú; luego entramos a Buriatia y desde allí fuimos en tren hasta Ulán-Bator, la capital de Mongolia. Durante el viaje a través de Rusia, la atmósfera era verdaderamente muy especial: la gente era muy pobre, los rusos desconfiaban de nosotros y éramos controlados en cada una de las estaciones por las que pasaba el tren.

En la frontera, el cambio de comportamiento fue radical. Me parece que debíamos ser los primeros tibetanos en pisar suelo mongol desde el fin del régimen comunista. La población expresaba su fe con tal fervor que nos resultó muy difícil abrirnos paso. A continuación, en cada uno de nuestros desplazamientos, de las conferencias o de las enseñanzas que se daban, el entusiasmo era desbordante, hasta el punto de que éramos constantemente escoltados por guardias de seguridad y circulábamos con todas las ventanas cerradas. Los mongoles se concentraban por todas partes, siguiendo nuestros coches, recogiendo hasta la arena de las pistas por las que pasábamos, para conservarlo como reliquia. Si uno de ellos nos tocaba, o incluso rozaba una de nuestros vestidos, los otros querían tocar su mano para compartir la bendición de la que decían que éramos portadores. Fue un verdadero impacto y no pudimos más que pensar en nuestros hermanos tibetanos que habían quedado en el país y que seguían sufriendo todavía la miseria religiosa de la que los mongoles acababan de salir.

El templo de San Petesburgo

En el camino de vuelta, pasamos otra vez por Moscú con la esperanza de ir a Leningrado, la antigua San Petersburgo, donde los mongoles nos habían pedido que visitáramos y bendijéramos su templo, construido en la década de 1910. Sin embargo, el asunto no fue tan sencillo. Los soviéticos hicieron como los chinos hacían en el Tíbet: nos concedieron todas las autorizaciones necesarias, con gestos de buena voluntad, pero Denma Lochoe Rinpoché, fue enviado a un lugar, Khamtrul Rinpoché a otro, y yo, todavía, a otro, a varias horas de avión unos de otros. En cuanto al ministro Kalsang Yeshi y al secretario, fueron conducidos directamente a Moscú. Finalmente, pudimos volver a encontrarnos en la capital, en el mismo hotel, pero en pisos distintos. Kalsang Yeshi y Karma Gelek realizaron una rápida ida y vuelta a Leningrado, y luego fueron reconducidos al aeropuerto para tomar un avión hacia la India. En cuanto a nosotros, tuvimos que negociar ásperamente con nuestros guías, batallar para conseguir un traductor y, finalmente, partir hacia Leningrado en tren.

El templo de Leningrado fue construido después de un acuerdo entre el último emperador ruso, Nicolás II, y el decimotercer Dalai Lama, Thubten Gyatso. Al principio del siglo XX, las relaciones diplomáticas entre nuestros dos países eran bastante cordiales, y había muchos monjes mongoles, a veces rusos, en los grandes monasterios gelugs de Lhassa, Séra y Drépung, especialmente. El personaje más destacado de esta época es el monje buriate Agwan Dorjiev, a quien conocemos por su nombre tibetano, Ngawang Dorjé.

Muy erudito, Ngawang Dorjé pertenecía al equipo que rodeaba a los tutores del Dalai Lama y, más especialmente, era su compañero en los debates filosóficos. En varias ocasiones, realizó viajes a la corte imperial rusa y, con el apoyo de algunos tibetólogos rusos que había entonces, fue él quien permitió que se concretara el proyecto de templo buddhista. No obstante, no había en la capital rusa más que algunas decenas de buddhistas, de kalmuks, de buriates…

Los mongoles querían que realizáramos un ritual de purificación en ese lugar que había quedado parcialmente destruido y que había sido utilizado como habitación, abandonado y luego utilizado de nuevo, pero casi nunca como templo. Cuando llegamos a Leningrado, recibimos un alud recomendaciones, algunas francamente ingenuas: no teníamos que conceder ninguna entrevista a la televisión ni a la radio, no podíamos hablar con nadie y no teníamos que decir nada de la política china en el Tíbet.

Al entrar en el edificio, tuve un sentimiento mezclado de admiración y de pena. Era evidente que se había hecho un arreglo rápido, pero había una enorme cantidad de estatuas rotas, los cubos contenían cadáveres de animales desde el tiempo en que había servido de laboratorio de experimentación animal, y se apreciaban restos de incendios, de libros esparcidos. Todo esto nos recordó a nuestro país.

Por otra parte, Dorjiev había querido que ese templo se construyera en el más puro estilo tibetano y, desde ese punto de vista, era un éxito. Se habían hecho incluso añadidos espectaculares: en lugar de pintar de negro los bordes de las ventanas, se había utilizado una piedra negra; en lugar de pintar *vajras* u otros símbolos, estos se habían realizado en bronce o con piedras, a veces semipreciosas, y se habían incrustado en la parte superior de los pilares, en lo alto de las paredes... En una parte vimos una magnífica *chökhor ridag*, una Rueda del Dharma chapada en oro que tenía una cierva que llegaba de un extremo al otro. Por otra parte, podía verse que el color azul de las decoraciones se había obtenido utilizando directamente turquesas. Las paredes, muy estropeadas, mostraban todavía los motivos de fondo utilizados para la decoración, y las cortinas multicolores estaban hechas tradicionalmente con trampantojo. Era una maravilla. Varias inscripciones, escritas en distintos idiomas, se habían hecho aquí y allá; una de ellas decía: «¡Que la irradiación de Thubten [la enseñanza del Buddha, o Thubten Gyatso, el decimotercer Dalai Lama] se propague por todo el mundo!». Era una sensación bastante extraña estar en un lugar que evocaba una parte de nuestra historia. Desde entonces he regresado varias veces a Rusia y he vuelto a ver ese templo, el cual ha reemprendido una actividad espiritual. Su Santidad el Dalai Lama, en homenaje a los lazos existentes entre ese templo y el Tíbet, ha donado una colección entera del *Kangyur*, más de cien volúmenes que reúnen las enseñanzas del Buddha.

Visita a los kalmuks

Mucho después, en 1997, tuve la ocasión de volver a las tierras habitadas por los mongoles, en Kalmukia. Ese pequeño
país de Europa oriental, el único en Europa habitado por los
mongoles, había reencontrado su libertad al convertirse en
una república tras el derrumbamiento de la Unión Soviética
y, desde hacía algunos años, su presidente había proclamado
el retorno a la libertad religiosa. Los buddhistas de rito tibetano son muy numerosos ahí, y a pesar de que muchos templos habían sido destruidos en la época soviética, había todavía una treintena en actividad. Su Santidad había estado allí
en dos ocasiones ya (1991 y 1992) y había consagrado un
nuevo templo construido en la capital, Elista.

Yo fui, a propósito de una invitación oficial ofrecida por
el presidente kalmuk, y nuestro programa estaba muy cargado, alternando conferencias, encuentros oficiales y encuentros religiosos. El presidente, que se unió a nosotros en varias
ocasiones, había fletado personalmente un avión para hacer
las dos horas de viaje que nos separaban de Moscú.

A nuestra llegada, la multitud nos esperaba con banderas tibetanas. La escena era verdaderamente conmovedora:
era una manera de decirnos que la esperanza de ver un día al
Tíbet libre estaba viva todavía. Los mismos kalmuks habían
vivido bajo el yugo soviético durante más de setenta años antes de encontrar la libertad.

Al año siguiente volví a Kalmukia para sustituir a Su
Santidad, que no podía asistir. Cuando me habló de ese viaje
como representante oficial, yo me negué, cortésmente, porque no me imaginaba a mí, un simple monje, viajando como
tal. Pero insistió tanto que terminé por aceptar, a título privado. Aproveché para ir a Mongolia, donde tuve el gran placer de volver a ver a Bakula Rinpoché, quien se disponía a
consagrar su monasterio, cuyos fundamentos habían sido es-

tablecidos por el Dalai Lama en 1991. El cambio que se había producido en Mongolia desde mi primer viaje era considerable. Mientras que en 1990 no había más que una sola tienda en Ulán-Bator –una tienda de fotos llevada por un chino– ahora descubrí cientos de tiendas que vendían los objetos más variados, imposibles de comprar unos años antes.

Peregrinaje en las tierra de Péhar

He tenido otras oportunidades de viajar a Mongolia. Me siento bastante cerca de ese país, además he adoptado, cuando me ha sido posible, sus bufandas azules de ceremonia y de ofrendas, a diferencia de las tibetanas que generalmente son blancas. Pero, el vínculo evidente que tengo con los mongoles es el dios Péhar. Es justamente eso lo que motivó mi último viaje, durante el verano del 2008. Yo quería poder rendir homenaje al lugar que antaño fue la residencia de Péhar y, para eso, tuve que hacer dos horas de avión desde Ulán-Bator hasta un lugar llamado Za Hang, y luego unas diez horas en coche todo terreno por una pista con mucho traqueteo. Finalmente, llegamos a la cumbre de una montaña en la que habíamos dejado nuestro vehículo. La tradición de Mongolia todavía venera este lugar como un lugar sagrado, pero las mujeres no pueden ir más allá del puerto de montaña en el que nos habíamos detenido.

El paisaje era magnífico: más abajo, la mirada se posaba en un pequeño lago, dominado a lo lejos por una montaña que la población considera la residencia de Vajrapani, la energía fundamental del espíritu. Yo hice un ritual *sang*, una ofrenda de humos olorosos y purificadore; luego comenzamos un descenso bastante peligroso hasta las orillas del lago, donde el ejército tibetano vino a apoderarse de los soportes de Péhar, entre ellos su preciosa máscara de cuero. La tradición cuenta que antiguamente un monasterio fue tragado por las olas del lago, pero no se ve ninguna huella de ello. También allí recé y llevé a cabo ofrendas, sabiendo que aquí está rigurosamente prohibido lanzar a las transparentes aguas nada que no sean materiales preciosos. La dimensión sagrada del lago es todavía hoy tan potente que el presidente y el primer ministro, después de su ceremonia de investidura, vienen a rendirle homenaje, a pesar de lo lejos que están. Todo era tan puro, tan sereno, tan tranquilo que fue una experiencia interior verdaderamente muy fuerte.

Tan cerca del Tíbet

Tres veces he ido a Bhután, pero la primera fue, sin duda, la que más me impresionó. El 28 de septiembre de 1991 murió en Bhután, Kyabjé Dilgo Khyentsé Rinpoché, el jefe de la escuela Nyingma. Fue una pérdida considerable para todos. Las ceremonias de cremación fueron organizadas por la familia real de Bhután, de la que Dilgo Khyentsé Rinpoché era maestro espiritual.

Una recepción muy oficial

Se decidió que estas ceremonias funerarias tuvieran lugar en noviembre del año siguiente. El nieto de Dilgo Khyentsé Rinpoché, Shéchen Rabjam Rinpoché, me invitó a ir, y de ese modo llegué al pequeño reino con los representantes del Gobierno tibetano en el exilio. Teniendo en cuenta la importancia de Dilgo Khyentsé Rinpoché, que era uno de sus maestros, el Dalai Lama había delegado en Samdhong Rinpoché, presidente del Parlamento tibetano, en Kalsang Yeshi y en el secretario Karma Gelek del ministerio de Asuntos Culturales y Religiosos.

Para mí, este viaje tenía algo de desgarrador. No podía

evitar volver a pensar en la estancia anterior, hacía treinta años. En mi padre, que había soñado venir y terminar aquí sus días, pues deseaba meditar en las montañas sagradas de Paro Taktsang donde Padmasambhava se había manifestado bajo la forma terrible de Dorjé Drolö, sometiendo así a muchas fuerzas negativas. El Gobierno real se hizo cargo totalmente de nosotros y me asignó una habitación en el complejo universitario recién construido. Mi estatuto de *kuten* hacía que me considerasen como igual a los cien lamas de alto rango y a los *tulkus* que debían asistir a las ceremonias. Para mí, era una sensación muy extraña el ir junto a ellos día tras día, porque pese a todo y a diferencia de ellos, yo no era más que un monje ordinario. Algunos de ellos, como Kyabjé Trülsik Rinpoché –uno de los maestros del Dalai Lama y tutor de la familia real bhutanesa–, eran incluso personajes fuera de lo común.

Durante una comida organizada en honor a esos religiosos, tuve el placer de volver a ver a Khandro Trinley Chödrön, la hija de Apo Rinpoché, que resultó ser amiga íntima de Ashi Kalsang, la hermana mayor del rey. Apo Rinpoché, que había fallecido en 1974, había estado casado con una pariente de uno de mis antiguos profesores de Nechung. Él había sido un maestro muy importante del linaje Drukpa-kagyü. Laico, tuvo dos niños, y me hice amigo de ellos. En Manali, donde se había instalado, había trabajado de tal manera que las enseñanzas de su linaje conocieron un verdadero renacimiento en el oeste del Himalaya. Aunque pasó más de la mitad de su vida en el retiro, fue un docente público notable y la gente venía desde muy lejos para escucharlo. Fue uno de los primeros maestros tibetanos que enseñó a los occidentales. Para mí fue una alegría muy grande volver a ver a su hija.

Al día siguiente, mientras me inclinaba respetuosamente al paso de Trülshik Rinpoché, este gran lama se enteró de mi salud y me dirigió algunas palabras amistosas. La reina madre inmediatamente quiso saber quién podía ser yo para que un lama tan importante como Trülshik Rinpoché se tomase el tiempo de intercambiar algunas palabras conmigo. Ashi Kalsang, que había asistido a la escena, respondió a su curiosidad y la reina madre, dirigiéndose a mí en un tibetano perfecto, me animó a visitar los lugares santos de su país y me seguró que tendría toda su ayuda si hiciera falta. Yo estaba muy impresionado pero, estimulado por las buenas disposiciones de la reina madre hacia mí, le hice la petición de una visita al rey para presentarle mis respetos. El procedimiento habitual, me dijo ella, era muy largo, pero ella sabría remediarlo en mi caso. Yo permanecí mudo. Al día siguiente, efectivamente, un ministro vino a decirme que tenía que quedarme cerca del rey durante las ceremonias que iban a comenzar para Dilgo Khyentsé Rinpoché. Eso fue lo que hice. Las ceremonias fueron extremadamente conmovedoras. Decenas de miles de personas se habían reunido con el mismo fervor y el mismo respeto. Yo observaba también a cientos de occidentales que habían hecho ese largo viaje para rendir homenaje a su maestro, pues Dilgo Khyentsé Rinpoché había sido importante no solo en Asia, sino también en Occidente, y especialmente en Francia, donde había estado en muchas ocasiones, para transmitir a los occidentales la esencia misma de la enseñanza del Buddha.

Después de los rituales, me hallé en la tienda del rey, el cual, a petición de su madre, me concedió una audiencia privada. Yo le ofrecí una *thangka* y una bufanda de ceremonia, tras lo cual me rogó que me sentara a su lado para conversar. Hablamos una media hora y me impresionó el respeto del que hacía gala respecto a Su Santidad y el cuidado que ponía en el bienestar de la comunidad tibetana exiliada. El rey hizo, además, un gesto especialmente conmovedor al presentarse en la tienda de los diplomáticos para ver al representante de Su Santidad, Samdhong Rinpoché, y a Kelsang Yeshi.

Lágrimas por mi infancia

Una vez terminadas todas las ceremonias funerarias, aprovechando los ánimos dados por la reina madre, decidí viajar un poco por el reino que había atravesado de niño. Por todas partes volvía a encontrar el encanto que había experimentado al ver mis primeros árboles, mis primeras casas con el tejado inclinado. Me acordaba de los momentos pasados juntos mi padre, mi madre, mi hermano y yo. Sentí una especie de nostalgia de mi infancia, junto con una calidez procedente de la certeza de que se está protegido, de que uno será ayudado.

Al mismo tiempo, volví a encontrar ese sentimiento turbulento en el que se mezclaba la alegría de abandonar la violencia impuesta por la presencia china, con el miedo a lo desconocido. La tristeza me volvía en oleadas: tristeza por haber perdido a mi padre, tristeza por haber errado de ese modo, sin saber dónde podríamos instalarnos.

Luego, un día, mientras estaba con la doctora Karpo, vi a lo lejos la enorme y espléndida masa blanca del Jomolhari, la montaña de Phari, la montaña de mi infancia. Fue un impacto insoportable. Intenté por todos los medios controlarme: todos mis recuerdos, mis juegos, la llanura florida bajo el sol de verano, los olores de mi casa, mi abuela... todo me vino a la mente de golpe, como un grito. La emoción me invadió y me deshice en lágrimas, sollozando como el niño que había seguido siendo. ¡Estaba tan cerca del Tíbet y me era tan inaccesible! Allí abajo había dejado mi infancia robada por los chinos. En el fondo de mi ser había este desgarro, la llaga abierta de mi exilio, el momento más triste, más difícil de mi existencia. Pasé todo el día llorando y sollozando.

La muerte de mi madre

Poco después de mi vuelta a Dharamsala, murió mi madre. Hacía tiempo que sufría dolores de estómago y, sin decírmelo, había consultado a varios médicos tibetanos e indios que habían diagnosticado una simple intoxicación alimentaria. Fui a verla un día y la encontré débil, sin que, no obstante, su estado me pareciese alarmante. Mi sobrina, Tenzin Yudön, que tenía trece años, estaba con ella. Yo decidí tomar el asunto en mis manos y pedí al doctor Yeshi Dhonden, uno de los médicos tibetanos más famosos y que resulta ser amigo mío, que fuese a verla. Ese día me fui a las cinco de la tarde; horas más tarde, a las once de la noche, moría.

Ella pertenecía a la Asociación de Amigos de Gyantsé, los cuales se pusieron a mi disposición para organizar los funerales. Al igual que en el caso de mi padre, consultamos a un astrólogo para conocer la hora más favorable para su cremación, que tuvo lugar tres días después. En el intervalo, los monjes de Gyuto y de Nechung le dedicaron algunas oraciones. En el momento de la cremación se realizarón rituales para guiarla en su viaje *post mortem* y para que reconociera la naturaleza luminosa de la mente. Como manda la tradición, yo no participé en los rituales llevados a cabo en el lugar de su cremación. Con su muerte, se cerraba todo un ciclo de mi vida.

El país de las mañanas serenas

Corea es un país con el que tengo lazos muy estrechos. Desde hace mucho tiempo, muchos coreanos vienen a Dharamsala para aprender tibetano, para escuchar allí mismo esas enseñanzas. Algunos son laicos, otros llegan ya como monjes o monjas ordenados en la tradición coreana, otros, en fin, pronuncian sus votos religiosos aquí.

Los amigos de Miss Ju

Mis relaciones con ellos comenzaron en Nechung, cuando un día llegó aquella a quien llamaban Miss Ju. Miss Ju estudiaba en la Biblioteca de Obras y Archivos Tibetanos desde hacía mucho tiempo e iba regularmente al monasterio; nos invitaba también de vez en cuando a su casa, donde yo me encontraba con otros coreanos.

Un día, vino acompañada de uno de sus amigos. El pobre hombre vivía en Delhi y se encontraba en un triste estado mental; estaba completamente desequilibrado y sufría mucho. Miss Ju había imaginado que yo podría hacer algo por él. Así que hice lo único que sabía hacer: rezar. Él sintió que su estado mejoraba lentamente, pero de manera muy significativa.

Entre todos los coreanos que venían a casa de Miss Ju, había dos monjas, Su-ru Sunim y Ji-tok Sunim –Sunim es el término coreano para monje o monja–, que habían vivido diez años en Taiwán para aprender el chino utilizado en los textos. Hay que saber, en efecto, que si los textos religiosos que tenemos en el Tíbet han sido traducidos directamente del sánscrito, no es ese el caso de las obras buddhistas utilizadas por los coreanos o los japoneses, que se tradujeron en primer lugar del sánscrito o del pali al chino antes de serlo en su idioma. No es, pues, extraño que religiosos coreanos aprendan chino y sánscrito para profundizar más en la comprensión de las enseñanzas del Buddha.

En Taiwán, ellas tuvieron sus primeros contactos con lamas tibetanos, entre ellos Kalu Rinpoché, un importante maestro del linaje Kagyü. Enseñaba sobre los *tantras*, esas enseñanzas del Buddha que evocan las energías sutiles que irrigan el cuerpo. Inmediatamente, ellas desearon profundizar en este aspecto del budismo y para eso quisieron ir a la India. Como habían soñado varias veces con Su Santidad, concibieron el proyecto de ir a Dharamsala.

Fue en ese momento que las encontré, gracias a Miss Ju, quien les condujo a mi casa. Los acontecimientos no se desarrollaron exactamente como ellas deseaban: el Dalai Lama estaba en el extranjero, y Kalu Rinpoché había fallecido. Ellas se instalaron en Dharamsala para aprender tibetano, con la esperanza de encontrar un lama kagyü que pudiera darles enseñanzas. Con esa idea en la mente me visitaron, esperando que les dijera el nombre de algún lama que respondiese a sus expectativas. Desgraciadamente, yo no conocía más que vagamente a algunos lamas de este linaje, especialmente a unos lamas Drukpa-kagyü que vivían en Tashi Jong, y hacia ellos las dirigí. Allí fueron confiadas a los buenos cuidados de Lama Amten y Lama Amjam, pero, dos meses más tarde, durante una entrevista que tuve con ellas, se quejaron de no haber recibido todavía ninguna enseñanza, que los lamas las habían confinado a trabajos domésticos. Es cierto que aprendían tibetano, pero estaban frustradas por no ser escuchadas. Les aconsejé que tuvieran paciencia y que se concentraran en el aprendizaje del idioma. Su deseo era entrar en el monasterio de monjas de Shérab Ling, pero las monjas que vivían allí tenían un nivel muy bueno de práctica y algunas incluso realizaban largos retiros. De modo que era poco sensato que ellas pasaran a formar parte de ese monasterio. Transcurrió un año. Les sucedió un acontecimiento terrible: su casa ardió totalmente, no les quedó más que su pasaporte.

Cuando volví a verlas, se deshicieron en lágrimas, hasta tal punto su situación les parecía sin salida. Les pedí que pensaran en la vida de Milarepa, que fue uno de los padres fundadores del linaje al que ellas pertenecían. Este tuvo que pasar muchas pruebas antes de obtener una enseñanza de su maestro Marpa. Finalmente, comparadas con las de Milarepa, sus pruebas eran bastante insignificantes. Además es posible que el incendio de su casa y la pérdida de todos sus bienes fuese una bendición, bajo la apariencia de una adversidad.

Ahora que no tenían nada, podían volver a comenzar todo sin dificultad, como un nuevo nacimiento. Así pues, volví a enviarlas a Tashi Jong asegurándoles el soporte financiero que necesitaban. El lama Amten comenzó a darles enseñanzas, hicieron las prácticas llamadas «preliminares», pudieron hacer un retiro y abordar los yogas de los que Milarepa había sido uno de los detentadores. Se quedaron en Tashi diez años, totalmente absortas en la práctica de la enseñanza del Buddha. Actualmente, cuando el Dalai Lama imparte enseñanzas a la comunidad coreana, son ellas quienes realizan la traducción.

Esta historia contiene muchos aspectos. La práctica de la enseñanza necesita valentía, resistencia, una motivación profunda y paciencia. Las prácticas «preliminares» que realizaron permitieron, no cabe duda, la confrontación con la realidad de la mente. Además del conocimiento de las enseñanzas fundamentales que el Buddha ofreció, tenemos, en todas las tradiciones tibetanas, prácticas que proporcionan unos cimientos muy sólidos para abordar la vía espiritual del budismo de los *tantras*. Si tuviera que decir una palabra, diría, en primer lugar, que, aun si su forma puede variar de un linaje a otro, el sentido y la meta de esas prácticas «preliminares» permanecen rigurosamente idénticos. Las primeras meditaciones remiten a las enseñanzas sobre las cuatro Nobles Verdades y permiten reflexionar sobre el sentido profundo de la vida: el carácter precioso de una existencia humana, el carácter volátil de esta existencia, el carácter ineluctable de la ley que une las causas y los efectos, el carácter fundamentalmente insatisfactorio de la existencia. A continuación vienen meditaciones rituales que se deben realizar cientos de miles de veces y que permiten acumular la sabiduría, el conocimiento, las condiciones de una mejor comprensión y las bendiciones que nos ayudan en el camino. Algunos maestros han realizado millones de veces esas prácticas, y el que las hicieran todavía la víspera de su muerte demuestra lo esenciales que son. Eso es lo que esas monjas habían comprendido. Necesitaron todas esas pruebas para abandonarse y por fin entrar en el camino.

La pesadilla de Lee Sun-Lee

A comienzos del invierno del 2000, mientras caía una fina lluvia anunciadora de los primeros fríos, la novelista coreana Lee Sun-Lee y su marido Kim Se-Yung llegaron a mi casa, enviados por un viejo monje coreano que vivía en Tashi Jong, en los contrafuertes del Himalaya. En cuanto llegó, se puso a llorar y a gritar, y acabo desmoronándose en el suelo. Según sus propias palabras, se encontraba «aplastada por el peso de la vida», extenuada hasta tal punto, decía ella, que consideraba seriamente la posibilidad de poner fin a su vida.

Ella meditaba desde hacía unos quince años, pero, mientras hablábamos me di cuenta de que practicaba de una manera incorrecta. Todos los grandes maestros lo dicen: si, con la práctica espiritual, las tensiones aumentan cada vez más, si la incomodidad crece, si el espacio interior se reduce… es que no se está meditando bien. Puede haber varias causas, dos de ellas son las principales: o no se siguen correctamente los consejos dados, o el maestro no es el indicado para nosotros. Un maestro competente es una persona que –sin grandes demostraciones– vive con simplicidad, en total acuerdo con la enseñanza del Buddha.

Hay que saber también lo que se puede y lo que no se puede hacer. No sirve de nada querer permanecer concentrado una hora si no se puede estar concentrado más de un minuto. Al contrario, es permaneciendo un verdadero minuto en un estado de tranquilidad y de claridad interior como se progresa. El sentido común debe acompañar al meditador. Quizá no sea espectacular, pero es nuestra realidad, la única a partir de la cual podemos avanzar y desembarazarnos de los velos que cubren la verdadera naturaleza de la mente. No hay que avergonzarse, ni tener ningún complejo, pues quizás aquellos que conocemos y que permanecen inmóviles durante una hora no son, en realidad, más que la imagen que se hacen de ellos mismos, personajes de una obra de teatro. Allí no se halla el progreso espiritual. Por eso se dice que no hay que considerar la práctica espiritual como un adorno.

Había, ciertamente, otras muchas causas de su malestar, pero el resultado del conjunto era que su mente permanecía tensa y confusa, lo cual se hallaba en el origen de los insomnios y las terribles cóleras, del odio y la insatisfacción. La noche siguiente a nuestro primer encuentro, ella soñó que estaba como muerta, incapaz de moverse, incapaz de pronunciar el más mínimo sonido. Se despertó y comprobó que realmente no podía hacer nada. Una ola de cólera se alzó en ella, todos los antiguos rencores que había reprimido surgieron a la superficie. Ella quería gritar, moverse. En vano, estaba clavada en su cama. El miedo a morir le hizo comprender que ella, y solo ella, creaba el infierno en el que se debatía. Comenzó a recitar mentalmente el *mantra* de Padmasambhava. No hace falta decir la inquietud que experimentó su marido cuando, varias horas más tarde, él se despertó también. Al no poder darle de beber, también él recitó el *mantra* de Padmasambhava. Entonces, ella se puso a vomitar, luego todo comenzó a ir mejor. Su amigo, el viejo monje coreano, realizó un análisis, a mi entender, bastante justo. Al encontrarme, simplemente, ella había recibido la bendición que me acompaña, lo cual tuvo como efecto hacer surgir a la superficie numerosas suciedades antiguas.

Ella lo testificó mediante un correo conmovedor en nuestro siguiente encuentro:

«Al día siguiente, volví a Dharamsala. El *kuten* me recibió allí y, rechazando las otras visitas, cerró su puerta y luego hizo una oración de compasión por mí. Curada de mi noche, la mente calmada, me dormí a sus pies. Yo me veía como una vaca enrabiada que, apaciguada por la fuerza de la compasión, se vuelve dulce y dócil. Igual que todo se aclara cuando las nubes desaparecen y los rayos del sol nos calientan, yo rechazaba de golpe los arreos de mis ilusiones y mis mentiras. Al haberme desnudado así, las negatividades cristalizadas en el fondo de mi alma, se fundieron, lo cual me permitió percibir una vida nueva con mi esposo».

Del mismo modo que en el caso de las otras personas a quienes mi presencia ha podido aliviar, considero que, personalmente, yo no soy responsable, para nada, del feliz resultado de sus dificultades. Yo creo que el hecho de ser *kuten* ha tenido a veces como efecto establecer una conexión entre las personas y los diferentes aspectos del Buddha sobre los que medito. Aunque yo desease ardientemente reducir su sufrimiento, soy incapaz de realizar la más mínima curación; pero los Buddhas a los que dirijo mis oraciones sí que pueden.

Hay que decir que el "renacimiento" de Lee Sun-Lee produjo efectos importantes para mí. Como agradecimiento, hizo construir una casa que puso a mi disposición y, desde entonces, estoy allí cada vez que voy a Corea. Cuando hubo que poner un nombre a esta casa, más que darle un nombre tibetano, preferí jugar con las palabras y bautizarla «Jabizone», del coreano *jabi*, que significa compasión, y del inglés *zone*.

Los amigos de Lee Sun-Lee que me han conocido se encuentran regularmente para practicar juntos una técnica muy simple de meditación que les enseñé: *tonglen*, «tomar y dar». Este ejercicio espiritual, fundado sobre el vaivén de la respiración, ha estado en el corazón de la vida de muchos santos del Tíbet o de otros lugares. Cuando se han recibido las explicaciones necesarias para su práctica, permite tomar conciencia realmente del sufrimiento de los otros; permite, también, no sólo desarrollar una aspiración altruista, sino implicarse verdaderamente en aliviar los sufrimientos.

Monjes ejemplares

Así pues, los coreanos ocupan un lugar muy especial en mi existencia. Con mayor razón cuando un día, Chung-song, un monje coreano muy delgado que vivía en Dharamsala desde hacía una docena de años, envió a mi casa a un grupo de siete monjes, también coreanos. Un día, el mayor de esos monjes, Banja Sunim, declaró –con mucho respeto– que, desde su punto de vista, mi celda era demasiado oscura, mal ventilada y que el ruido de la guardería y de la escuela que estaban junto a ella tenía que perturbarme necesariamente. Me propuso construir una nueva celda en el tejado del templo. Yo me negué.

Los coreanos deben de ser perseverantes como Milarepa lo era, pues al día siguiente, vino a verme otro monje para decirme que, después de haberlo hablado entre ellos, habían decidido ofrecerme una casa. Como construir en el tejado parecía que no me convenía, mi comprarían un terreno cerca de McLeon Ganj o del centro Tushita que se halla arriba de McLeod Ganj.

Resulta que el antiguo secretario privado de Su Santidad, Kungo Tara, me había cedido una parcela de tierra en Lhagyal Ri, encima del palacio de Su Santidad, en realidad un agujero de pocas decenas de metros cuadrados que, con el paso del tiempo, se había llenado de basura de todo tipo. Mis amigos monjes decidieron ir a verlo y, a pesar de su apariencia, les pareció que el sitio era ideal: el Dalai Lama estaba cerca, la vista era muy bella, y el lugar se beneficiaba del flujo de energía aportado por el viento. El contratista indio al que acudí no fue de la misma opinión, ni el amigo arquitecto al que consulté. Además de las dificultades inherentes a la pendiente, estaba el problema de los árboles que había en el terreno: formaban parte de especies protegidas, por tanto estaba fuera de cuestión cortarlos o echarlos a perder. Me sugirieron construir en otra parte. Yo no me di por vencido: hice los planos yo mismo, los mandé a mi amigo arquitecto para que los revisase y fue él quien presentó mi dosier. Y, contra toda expectativa, mi proyecto fue aceptado y mi casa construida sin que ningún árbol sufriese. Como quedaba bastante terraplén junto a mi terreno, le dije a mi hermano que viniera, quien estaba alquilando un piso un poco más lejos, para que también él se construyera una pequeña casa. Actualmente vigila la mía cuando he de ausentarme. Gracias a los coreanos, de algún modo tengo dos casas: ésta en la que vivo y la que está a mi disposición en Corea.

Pero mis sorpresas no habían llegado al límite. Al año siguiente, esos generosos amigos me invitaron a Corea del Sur y descubrí que Banja Sunim era no solo el abad de uno de los monasterios más importantes de Corea, sino también el jefe espiritual de la rama del budismo Zen coreano. Su monasterio, Songgwangsa, es una de las tres joyas del budismo en su país. Esos tres venerables lugares representan al Buddha –el monasterio de Tongdosa–, la enseñanza, el Dharma –el monasterio de Haeinsa–, y la comunidad de practicantes, el Sangha –Songgwangsa, el monasterio de mi amigo–. A pesar de lo importante que era, Banja Sunim no había olvidado nada de la palabra del Buddha y seguía siendo muy sencillo y, por eso mismo, para mí era todavía más respetable y ejemplar.

Cuando, en el año 2000, cinco monjes de Nechung fueron invitados a unirse a la comunidad coreana para celebrar ceremonias con el fin de honrar al Buddha, yo tomé el avión hacia el país de mis amigos con una gran alegría. La casa que Lee Sun-Lee acababa de hacer construir estaba a mi disposición, así que aproveché para hacer un poco de turismo en ese país tan profundamente marcado por el budismo.

Mi amigo de Dharamsala, el monje Ji-nuk Sunim, me propuso ser su hermano simbólico y yo no sabría decir hasta qué punto fue un honor para mí ser elegido como hermano por ese monje tan respetable. Cuando el Dalai Lama se dirige a nosotros, los monjes tibetanos, nos anima a inspirarnos en el comportamiento caritativo de nuestros hermanos y hermanas cristianos que se entregan totalmente para ayudar a los enfermos, los pobres y los ancianos. No conozco más que a muy pocos monjes tibetanos que pongan realmente en práctica esos consejos, pues es muy raro que un monje o una monja se comprometan socialmente. Sin embargo, las enseñanzas sobre "la mente despierta", es decir, la motivación altruista, la apertura a los otros y el aspecto indisociable de nuestro despertar espiritual y del de los demás, insisten sobre dos dimensiones que deben desarrollarse. Por una parte, se trata de hacer nacer la compasión, luego, de permitir que se expanda; por otra parte, se trata, de manera muy concreta, de actuar para aliviar las penas, escuchar y tomar en consideración la realidad, a menudo difícil, de la existencia. «¡Los otros primero!» podría ser nuestra divisa. Desgraciadamente, los practicantes casi siempre se contentan con desarrollar una aspiración altruista sobre su cojín, sin pasar realmente a la acción.

Ji-nuk Sunim era exactamente lo contrario. Lejos de los grandes discursos, había hecho construir tres casas de retiro haciéndose cargo de personas mayores y de enfermos que no tuvieran hijos que pudieran ayudarlos. Esas casas están totalmente gestionadas por voluntarios, sus estudiantes y él mismo. Todos los días, visita a los enfermos, los lava, les da de comer, comparte con ellos un momento hablando de esto y de aquello. Ninguna tarea le repugna y es gentil con todos, sin hacer diferencias. Yo lo he seguido, lo he observado para ver cómo podía, por mi parte, poner en práctica algo parecido en Dharamsala o en otra parte. Que él haya querido hacer de mí su hermano es realmente un privilegio muy grande y un honor.

Yo no podía más que esforzarme todo lo posible cuando me comunicó que le gustaría que sus alumnos y él pudiesen ir a Dharamsala a escuchar a Su Santidad. Para un coreano es, efectivamente, la única manera de ver al Dalai Lama, pues sus peticiones de visado casi siempre son rechazadas por el Gobierno de Seúl, que no se atreve a envenenar las relaciones ya muy tensas con China. Cuando le comenté esta petición al Dalai Lama, este reaccionó inmediatamente con entusiasmo; desde entonces, después de las enseñanzas que tiene costumbre de dar en primavera –en Dharamsala o en otro lugar– siempre reserva un tiempo que consagra a los coreanos.

La primera vez, les transmitió las investiduras espirituales que permiten meditar sobre Chenrézi, la compasión, y desde entonces estudian con él un texto fundamental del gran maestro indio Shantideva, *La entrada en la vía de los hijos de los vencedores*. Este texto, cuya trama es la compasión, permite justamente profundizar en la comprensión de la aspiración y de la acción altruista. Una de las frases resume lo que debería ser la llama que animase los actos de uno:

«Que, mientras dure el espacio y los seres vivientes, yo siga existiendo igualmente para disipar la infelicidad del mundo».

Muy entusiasmado por lo que veía, concebí el proyecto de crear una casa de retiro idéntica a la de Dharamsala, y Ji-nuk me ofreció consejos muy útiles, me aseguró su apoyo, y, si hacía falta, incluso material. No obstante, reflexionando so-

bre ello, comprendí que era preferible actuar allí donde la necesidad se manifestase realmente. Si se trataba de crear una
casa de retiro solo para tener la satisfacción de haberlo hecho, eso apenas tenía interés. Ahora bien, en Dharamsala había ya tres casas de retiro: una para los más pobres, financia-
da por el ministerio del Interior, y otras dos para los antiguos
miembros de la administración y para los antiguos militares,
financiadas por el Gobierno. De modo que no era realmente útil crear otra, ya que habría supuesto un gasto excesivo
por un interés bastante discutible. No obstante, era evidente que esas casas de retiro podían recibir una ayuda material
que permitiría mejorar la comodidad y los servicios puestos
a disposición de las personas mayores. En ese punto detuve
mi reflexión.

Francia, Taiwán, Australia… Los amigos franceses

He realizado otros muchos viajes. Fui a Francia en varias ocasiones: a París para el montaje de un documental
que tenía que ver conmigo, y a Montauban, con la familia
Espinasse, unos amigos que son médicos. Es un placer verlos
o más bien volver a verlos, porque los conozco desde 1985
y, desde entonces, nada ha cambiado en la amistad que com-
partimos. También acompañé a Su Santidad el Dalai Lama a
Lérab Ling, cerca de Lodève, el centro buddhista de Sogyal
Rinpoché, en el año 2000. Por otra parte, en general he sido
invitado con otros monjes a hacer rituales cuando mis anfi-
triones atravesaban un período de dificultades.

Oraciones por Australia
Cuando fui a Australia a mediados de los años 1990, no esperaba tener que desempeñar allí ningún papel. El hecho es

que me encontré regularmente con miembros del Parlamento o con políticos preocupados por la situación tibetana. Sobre todo, establecí contacto con Chimé Rigdzin, quien, en teoría, debía venir a establecerse en Australia para abrir una representación del Gobierno tibetano en el exilio.

El asunto parecía simple, a no ser porque China presionaba con todas sus fuerzas para que el Estado australiano no concediera el visado al delegado tibetano. Las oraciones y los encuentros con los simpatizantes australianos pudieron con esas presiones, ya que, nada más volví a Dharamsala, supe que nuestro delegado había recibido, por fin, su visado.

Oraciones por Taiwán

La Oficina del Tíbet en Taiwán solicitó nuestra presencia en una ocasión para que ayudásemos a los habitantes de la isla. Desde hacía algún tiempo, los incidentes o los accidentes de aviones se multiplicaban, las catástrofes naturales amenazaban regularmente la isla… en una palabra, un sentimiento muy fuerte de inseguridad se había instalado en la mente de las gentes. Algunos benefactores se hicieron cargo del viaje de diez monjes y fuimos recibidos con gran oficialidad.

Aparte de los encuentros de carácter político, con el vicepresidente de la isla, parlamentarios o representantes locales, el presidente de la compañía aérea China Airlines, que tenía una gran devoción hacia el protector de Nechung, quiso tener una entrevista conmigo. Por razones que se le escapaban, su compañía atravesaba una mala racha; sus aparatos estaban bien cuidados, pasaban controles regulares, pero los accidentes ocurrían con demasiada frecuencia, lo cual, en el caso de una compañía aérea, no podía descuidarse. De modo que hicimos los rituales que nos parecieron útiles y, antes de irnos, le ofrecí unas cuantas bolsitas de granos bendecidos por Dorjé Dragden durante los trances que tuvieron lugar

en aviones de la compañía. Más tarde, supe que después de
nuestra visita no ocurrió ningún incidente significativo durante un tiempo.

ACTUALMENTE EN LA INDIA

Pero es en la India, obviamente, donde mi actividad es más
importante. En primer lugar en Nechung, donde soy abad,
pero también en todas partes donde voy por una u otra razón.
Además, como el mundo ha cambiado mucho, en tanto que
oráculo del Dalai Lama, puedo ser solicitado para entrevis-
tas, aquí o allá. Así pues, mi vida está muy llena, aunque con-
serve el ritmo cotidiano de oraciones, desde que me levanto
hasta que me acuesto.

Nechung hoy

La organización interna del monasterio es, obviamente, distinta de la que era habitual en el Tíbet. El exilio ha supuesto la pérdida de muchos monjes y todo un aspecto de la estructura tradicional tibetana no tiene ninguna razón de ser en
el país que nos ha acogido. A partir de ahí, ha sido necesario
reflexionar para comenzar una nueva organización, aunque
conservando nuestros caracteres propios.

Un sistema democrático

En la cima de nuestra jerarquía, está siempre el *kuten* y
Nechung Rinpoché, pero, en lugar del Dépa, que estaba encargado de la administración, tenemos un comité de ocho
monjes, de los cuales cuatro son elegidos democráticamente;
los monjes encargados de los rituales, de las ofrendas, de los

estudios y el secretario del monasterio son automáticamente miembros de ese comité. Los monjes más antiguos, que tienen experiencia del monasterio tibetano, son consultados también regularmente.

Por mi parte, yo no intervengo en la administración, excepto cuando una dificultad hace necesario mi consejo; pero la decisión se toma siempre como resultado de un debate con el comité, yo no tomo las decisiones solo. Los monjes no pueden votar más que si han aprobado un examen después de tres o cinco años de estudio y de haber memorizado los textos de las oraciones generales y de los rituales propios del monasterio. Así nos aseguramos de que los votantes estén realmente motivados por la buena marcha de Nechung. Excepto esta diferencia, relacionada con este examen, todos los monjes son rigurosamente iguales.

Tengo veinticuatro monjes bajo mi responsabilidad. Las candidaturas para integrar el monasterio son examinadas por nuestra administración; luego, los nuevos son introducidos al maestro de disciplina, quien explica las reglas básicas de la vida monástica. Solamente entonces recibo al joven y le doy algunos consejos. Evidentemente, seguimos las reglas de la disciplina monástica, el *Vinaya*, que fueron dadas por el Buddha. Esas reglas prevén sanciones en caso de faltar al compromiso monástico, y existe una gradación según la gravedad de la falta. En caso de falta, el maestro de disciplina lo envía al comité, el cual, llegado el caso, decide la sanción. De manera muy excepcional, puede que yo intervenga en la decisión y pida al comité que reconsidere su postura. No obstante, sea cual sea mi punto de vista, en ningún caso debe prevalecer sobre el del comité, el cual toma la decisión definitiva.

Hemos conservado también la costumbre de comer todos juntos en el mismo refectorio. Nuestra comida es siempre la misma: legumbres, arroz o pan cocido al vapor y *dal*, una especie de sopa o puré de lentejas. No comemos carne. Para mí, el vegetarianismo ha sido un verdadero problema y sigue siéndolo. En efecto, en el Tíbet hay regiones en las que, a falta de otra cosa para comer, la alimentación básica estaba constituida de carne, de lácteos, y a veces de harina de cebada tostada, la *tsampa*. Algunos de nosotros tienen, pues, la costumbre fisiológica de consumir carne. Al llegar a la India, intenté prescindir de ella. Desgraciadamente, más que reforzar mi salud, el no comer más que cereales, frutas y legumbres (como hacen la mayoría de los indios y muchos buddhistas) me debilitó y mi estado general se degradó. Siguiendo los consejos de los médicos, tuve que volver a una alimentación cárnica. No obstante, como lo menos posible y tengo plena conciencia del sufrimiento del animal que se ha matado y rezo por él.

Formación tradicional

La meta de todo monasterio es ofrecer a los monjes las mejores condiciones para estudiar y meditar. Al comienzo, cuando llegué a Nechung, la formación era bastante limitada. En la década de 1970, el Dalai Lama pronunció el deseo de que todos los monasterios volvieran a poner en marcha la formación tradicional, especialmente el estudio de los grandes tratados filosóficos. En Nechung, aunque manteníamos nuestras dos tradiciones artísticas, solo en 1985 pudimos hacerlo. Desde entonces, dos *guéshés* procedentes de grandes colegios monásticos enseñan a nuestros monjes. Yo aproveché para seguir durante algunos años esas enseñanzas, y completar así las que había recibido ya en mi juventud. Esos dos maestros se albergan en nuestro monasterio de manera totalmente gratuita y reciben una pequeña retribución, muy simbólica.

Así pues, hemos puesto en marcha grandes estudios prácticos y teóricos. Después de un ciclo de aprendizaje de los textos rituales básicos del monasterio, que dura de tres a cinco años según sus competencias, los monjes jóvenes hacen un examen y luego emprenden los estudios de tipo filosófico. Estos duran de doce a quince años, según los monjes, y permiten tener una visión de conjunto de lo que se llama las «tres canastas», los tres grandes grupos de enseñanzas ofrecidas por el Buddha. El monasterio no cultiva ninguna originalidad en ese campo, porque se trata en realidad de dar la formación básica que todo monje se supone que debe recibir. Una de las funciones del monje es preservar las enseñanzas del Buddha, y en ese sentido se dice que la comunidad monástica es una de las "joyas" del budismo.

Como en una escuela, los cursos se impartían durante el día, alternando las materias. Así, en los tres niveles se imparten cursos de lógica (*pramana*), cuya duración total es de cuatro años. Esos cursos son como clases preparatorias que abren el estudio de textos complejos. En ellos se estudian todas las formas de razonamiento, incluidos los razonamientos correctos desde un punto de vista lógico, pero falsos en la realidad. Esas paradojas permiten, justamente, romper la voluntad que se tendría de querer analizar todo y querer creer todo, ya que la lógica lineal sostiene nuestro razonamiento. Además, el Buddha demostró en numerosas ocasiones que la palabra no tiene más importancia que la dada por el sentido que vehicula. Jugar con las palabras, por ejemplo, permite percibir la vanidad que hay en querer explicar todo. En sus primeros años de formación, el monje vislumbra esto.

Luego vienen formaciones que son más complicadas, pues requieren un buen nivel de reflexión. Se abordan cuatro dominios. Un largo período de siete años se consagra al estudio de un texto fundamental, *La virtud trascendente de la sabiduría* (*Prajñaparamita*) y de sus comentarios. Esta enseñanza trata del vacío, de la vacuidad, y todo ello de manera muy detallada. El texto raíz ha sido objeto de muchos tratados, en la India, en el Tíbet, en China o en otros lugares, y el propio texto existe en varias versiones, más o menos condensadas, más o menos detalladas. La más conocida de esas versiones, que a veces se lee regularmente en algunos monasterios, es *El sutra del corazón* (*Bhagavati prajñaparamita-hridaya*), cuyo pasaje más célebre constituye, en realidad, la síntesis de toda esa enseñanza:

> «Aquellos que deseen realizar la actividad de la profunda virtud trascendente de la Sabiduría deberían verla así: deberían considerar que la *naturaleza propia* de los cinco agregados es perfectamente vacía. La forma es vacío, el vacío es forma, la forma no es distinta del vacío, el vacío no es distinto de la forma. Del mismo modo, la sensación está vacía, la percepción está vacía, la formación mental está vacía, la conciencia está vacía. Shariputra, de este modo, todos los fenómenos son vacíos, sin atributos, sin aparición ni cesación, ni puros ni impuros, sin disminución ni aumento».

Esta enseñanza es una de las claves de todo lo que pudo decir el Buddha, esto explica porqué se pasa tanto tiempo estudiándola.

También se consagran tres años al estudio de la Vía Media (*Madhyamaka*), un conjunto de enseñanzas que explican el punto de vista del Buddha basándose en las dos verdades (la verdad relativa y la verdad última) y que escapa a los extremos que son el eternalismo y el nihilismo. Así, si se procede a un análisis de los fenómenos y se deduce que no tienen ningún tipo de existencia, nos hallamos en contradicción con la evidencia que tenemos y que quiere que los fenómenos tengan, de todos modos, existencia. Se trata pues, para tener una comprensión adecuada, de concebir estos dos aspectos por igual.

A continuación se estudia la disciplina monástica durante dos años. Se trata no solo de conocer las reglas que forman la conducta del monje, sino también de comprender por qué el Buddha instauró esas reglas. Sobre todo, el eje principal que subyace a esta enseñanza es el de la renuncia. Ser monje por ser monje no significa nada; se trata de ser monje porque se ha comprendido que lo mundano es un obstáculo para la libertad interior.

Renunciar al mundo no es condenarlo ni definirlo como negativo, es simplemente ver que las reglas que lo rigen (buscar los honores, tener un reconocimiento social, etc.) pueden aportar ciertas satisfacciones, es cierto, pero que son efímeras y generalmente se adquieren a expensas de otros. En cuanto a los sufrimientos que esto produce, resultan también bastante evidentes: el miedo a perder el estatus, la sensación de fracaso cuando se pierde, la realidad de este fracaso, etc. El monje renuncia al mundo porque no entra en el juego que constituye la agitación del mundo. El estudio de los textos que constituyen la disciplina (*Vinaya*) es una buena herramienta para vivir plenamente este modo de existencia. Finalmente, se consagran dos años al estudio de las enseñanzas relacionadas con la metafísica (*Abhidharma*).

Todo este aprendizaje se lleva a cabo teniendo como apoyo un método esencial del budismo: la escucha de la enseñanza, la reflexión sobre la enseñanza, y la meditación sobre la enseñanza. Además, se memorizan textos, se organizan debates y hay que hacer exposiciones. Se trata de permitir a cada uno que sea progresivamente autónomo y desarrolle su propio pensamiento; es así como el budismo se ha transmitido siempre, pasando por la experimentación y la experiencia personales.

A continuación, una vez han terminado totalmente la formación monástica, aquellos para quienes el mejor acceso a la palabra del Buddha sea su dimensión filosófica podrán, si lo desean, seguir esa vía intelectual. Según los linajes religiosos, después de largos años de estudio, se obtienen grados que corresponden más o menos al de doctor en el sistema universitario occidental. Para quienes ese es el camino, la meta es, a través del intelecto, si no mostrar su vanidad, al menos mostrar la relatividad del pensamiento. Por otra parte, los *guéshés*, quienes al final de estudios muy largos son importantes eruditos, se convierten muy a menudo en excelentes meditadores y algunos, después de haber tenido responsabilidades monásticas, se absorben totalmente en la meditación.

Además de esta formación teórica religiosa, los monjes siguen cursos de tibetano hablado y escrito. Las diferentes caligrafías se aprenden poco a poco, así como la gramática y la ortografía tan particular de nuestra lengua. Además, con el exilio, pronto se vio que era necesario poner en marcha cursos de inglés. Ahora es bastante corriente en muchos monasterios. Hay enseñantes que vienen regularmente gracias a una asociación británica. No podemos retribuirles, pero les aseguramos el alojamiento y la comida.

A diferencia de otros monasterios, nosotros no tenemos ninguna empresa comercial para asegurar nuestros ingresos. Las ayudas que recibimos proceden de cuatro fuentes: una subvención del Gobierno tibetano, las ofrendas hechas para Dorjé Dragden, los rituales que nos piden y los apadrinamientos. Algunos monjes tienen padrinos cuyo dinero va a la bolsa común. A fin de cuentas, siempre hemos tenido bastante para asegurar el alojamiento y la comida a todos los monjes, y la buena marcha del monasterio. Por tradición, los monjes más ancianos se contentan siempre con poco; esto no ha cambiado.

Cuando se hacen donaciones directamente a los monjes, estos las guardan para comprar lo que necesiten.

En cuanto a los profesores, lo más frecuente es que guarden ese dinero para sus alumnos, porque, si bien todos los libros estudiados los ofrece el monasterio, los monjes tienen que procurarse las diferentes obras de ejercicios. Excepto los *guéshés* que viven con nosotros, los profesores no son remunerados; pero a cambio del trabajo que realizan, quedan exentos de algunas obligaciones durante el período de formación.

Tradición ritual

En el plano espiritual, el de Nechung es un monasterio del linaje Nyingma, pero, en cierto sentido, pertenece también a ese amplio movimiento nacido en el siglo XIX, el movimiento no sectario *rimé*. Casi desde su origen, por otra parte, se realizan en él rituales y meditaciones de otros linajes y vienen a dar enseñanzas maestros de distintas ramas del budismo tibetano. Esto significa concretamente que nuestras prácticas rituales, nuestras meditaciones, no son exclusivamente nyingma. Esto no debe inducir a error: en ningún momento los monjes de Nechung se dispersan espiritualmente, sino que mantienen nuestra tradición desde hace ya varios siglos.

Antiguamente, Nechung era conocido por perpetuar la tradición de meditaciones procedentes del gran «descubridor de tesoros», Nyang Ral Nyima Ozer, que resulta que es, por la ley de causas y efectos, uno de mis antepasados paternos. También practicamos diariamente una de las enseñanzas procedentes de otro de los descubridores «soberanos», Guru Chöwang, y todavía esos textos están entre los principales del monasterio. Este hombre tenía una vida bastante extraordinaria, y era uno de los maestros más notables de su tiempo. Él descubrió muchos «tesoros», uno de los cuales hablaba de una próxima invasión de las tropas mongoles. Se cuenta que su padre no creía en los descubrimientos de su hijo y un día decidió liberarse de ellos. Algunos años después, en 1240, los mongoles invadían, efectivamente, una parte del Tíbet.

En la segunda mitad del siglo XVII, el patrocinio del quinto Dalai Lama cambió muchas cosas, aparte de la ampliación del estatus de protector concedido a Dorjé Dragden y el de oráculo del Estado concedido al *kuten*. Su Santidad, muy vinculado a nuestra tradición nyingma, se inspiró en meditaciones rituales procedentes de Nyang Ral Nyima Ozer, «Las Diez Actividades despiertas» (*Trinlé dönchu*), y de otro «soberano» descubridor de tesoros, Ratna Lingpa, «El resumen esencial de la realización del corazón» (*Thugdrup yangnying düpa*), para componer un texto de prácticas especialmente para el protector de Nechung, «El canto melodioso», (*Drayangma*). El «Resumen» constituye, todavía hoy, una de las prácticas fundamentales del monasterio, en el cual los monjes tienen que realizar un retiro llamado de las 500.000 «prácticas preliminares», tal como se describen allí, que dan acceso a meditaciones y técnicas muy profundas. En esta meditación, el acento se pone sobre Hayagriva, la manifestación iracunda de la compasión.

Hayagriva es el principal aspecto del Buddha sobre el que meditamos y, por mediación del primer Nechung Rinpoché, en el siglo XIX, nuestro monasterio se convirtió en el detentador de las enseñanzas que le son específicas. Con el exilio, como el número de monjes era muy escaso, y puesto que una parte de nuestra red espiritual había desaparecido, gracias a la bondad de Su Santidad el Dalai Lama y de Khamtrul Rinpoché, hemos podido, otra vez, recibir la totalidad de ese ciclo de enseñanza.

En el siglo XVIII, los vínculos espirituales muy estrechos que existían entre Ngawang Gyatso, el sexto *kuten*, y el jefe del monasterio de Thubten Dorjé Drag, de los «Tesoros del Norte», pero también con un gran meditador de ese momento, Padma Gyépa, tuvieron como efecto introducir ciclos de nuevas prácticas –que incluian retiros, rituales, ofrendas, etc.–, para cuya realización se donaron seis terrenos, lo que permitió a Nechung aumentar muy perceptiblemente sus ingresos. En el exilio, la tradición de los «Tesoros del Norte» se ha mantenido en el monasterio gracias a su actual propietario, Taklung Tsétrul Rinpoché.

Las prácticas de Yamântaka –trece deidades, un ritual del linaje Gelug– fueron introducidas por el séptimo *kuten*. Pero es en tiempos del octavo *kuten*, el gran Shakya Yarphel, cuando Nechung conoció un nuevo impulso. Además de un nuevo ciclo de meditaciones relacionado con Yamântaka que él introdujo, Shakya Yarphel fue cuidadoso en el mantenimiento de una tradición monástica pura. Convirtió en obligatorios los «tres fundamentos» de la vida del monje: la ceremonia de la confesión de faltas (dos veces al mes, el día de la luna nueva y el de la luna llena), el retiro de la estación de las lluvias (tres meses en verano) y la restauración de los votos. Para cubrir las necesidades de los monjes se donaron a Nechung tres nuevos terrenos.

Sobre todo, el *kuten* se unió al decimotercer Dalai Lama y al *tertön* Sogyal. Recibió enseñanzas de esos dos maestros, y en el monasterio se comenzaron a practicar los rituales y las meditaciones que acababan de ser descubiertos por Sogyal, especialmente los relacionados con Vajrakilaya, un aspecto especialmente fiero del Buddha, que simboliza la actividad despierta, cuya práctica tiene fama de apartar todos los obstáculos del camino de la emancipación espiritual.

Esta tradición se ha mantenido en el exilio, tanto más cuanto que el Khenpo Jigmé Phuntsog, la reencarnación de Sogyal, vino a Nechung en 1990 para transmitirnos un nuevo

ciclo de prácticas espirituales relacionadas con Vajrakilaya
que él mismo acababa de descubrir. Cuando el *tertön* Sogyal
falleció en 1927, muchos de sus discípulos esperaron su vuelta. En realidad, ha habido varias reencarnaciones de Sogyal:
una encarnación en Bhután; Sogyal Rinpoché, que es muy
conocido en Occidente, donde vive desde 1971, y el Khenpo
Jigmé Phuntsog, que fue un personaje extraordinario. Este
último, en el momento de la invasión china, vivía en la parte
este del Tíbet. Cuando la intolerancia religiosa se hizo insoportable, se fue a las montañas donde erró de gruta en gruta
y de ermita en ermita; así vivió unos veinte años, enseñando sin descanso y ordenando monjes y monjas a pesar de las
prohibiciones. Finalmente, a mediados de la década de 1980,
la tuerca dejó de apretar tanto y pudo ser entronizado en la
región de Golok, una parte de la región de Kham incorpora-
da a Sichuan. Desde entonces, tuvo una actividad inmensa,
enseñó en todas partes donde podía, incluido Pekín. En 1990
se lo autorizó a volver a la India donde, dados los vínculos
que habían sido creados por el anterior Sogyal, dio enseñanzas al Dalai Lama y a los monjes de Nechung. A continuación, su comunidad de Golok-Serta cobró tal dimensión que
podían hallarse allí más de siete mil monjes y monjas que vivían en precarios campamentos de barracas, o más a menudo, bajo tiendas. Venían a verle de todo el Tíbet, pero también de China. El Gobierno chino no soportó la idea de que
pudiera escapar a su control. En el 2001, los bulldozer y las
excavadoras destruyeron absolutamente todo, los monjes y
las monjas, indefensos y pacíficos fueron golpeados, perse-
guidos y encarcelados. Entre ellos, había quizá dos mil religiosos chinos. El propio Khenpo fue obligado a permanecer
en residencia vigilada. Murió en el 2004, manifiestamente
deshecho por la siniestra suerte que conocieron algunos de
sus discípulos. El fin trágico de su comunidad y su muerte re-

cuerdan la difícil realidad del budismo en China, y en particular en el Tíbet.

En Nechung, reservamos mucho tiempo para los rituales. En efecto, tenemos cuatro sesiones de retiros por año, los *drupchö*, algunos de los cuales son bastante largos, como, por ejemplo, el del ritual del Gyelpo Ku-nga, que dura veinticinco días. Otros son más cortos, como el retiro de Jigjé Drubpa, sobre Yamântaka, por ejemplo, que no dura más que doce días. Por otra parte, la Oficina privada de Su Santidad y el Gobierno pueden solicitarnos para tal o cual ceremonia en cualquier momento y algunas de ellas, que son muy elaboradas, pueden durar varios días. También respondemos a las peticiones de particulares; entonces organizamos sesiones que pueden variar desde algunas horas hasta varios días y que pueden requerir la participación de varios monjes. Antiguamente, en el Tíbet, esas oraciones para los particulares eran bastante difíciles de organizar, porque era el demandante quien tenía que encargarse de todo, además de que tenía que quedarse en el monasterio durante varios días. Actualmente, si bien están las ofrendas que acompañan a las peticiones, es el monasterio el que se encarga de todo el ceremonial.

Responsabilidades del kuten

En lo que a mí respecta, en tanto que *kuten*, he de participar en un cierto número de ceremonias rituales durante las cuales se invoca a Dorjé Dragden. Además, soy ministro delegado y el Dalai Lama puede pedir que se invoque a Dorjé Dragden cuando le parezca necesario. Así pues, tengo la obligación de prevenir de mis desplazamientos a la Oficina privada de Su Santidad, el secretariado del Gobierno y a la administración del monasterio.

Cuando no era más que un simple monje, bastaba con la autorización de mi abad; después, podía hacer lo que quisiera. Igualmente, hoy debo prestar mucha atención a lo que digo y lo que hago porque, por mi estatus de *kuten*, se concede importancia a mis hechos y a mis gestos.

Un calendario da una visión de conjunto de las invocaciones anuales de Dorjé Dragden:

–El primer mes tibetano, el día 10, tiene lugar el trance más importante, en presencia de Su Santidad y de los miembros del Gobierno;

–El primer mes, en fecha indeterminada, tiene lugar un trance en el palacio, a petición de Su Santidad;

–El segundo día del segundo mes tiene lugar la ceremonia *lhatsé* de los monjes de Drépung, quienes vienen a Nechung conducidos por sus abades para preguntar al protector a través del *Kuten*;

–El cuarto día del décimo mes, el monasterio privado de Su Santidad, el Namgyal Dratsang, solicita un trance;

–El sexto día del décimo mes, el Gobierno pide un trance;

–Otros tres trances tienen lugar en un momento indeterminado del año, a petición de los tibetanos de Dharamsala, de los miembros de la residencia de Ling Rinpoché y de los tibetanos que pertenecen al ejército indio.

Durante los trances públicos, después de dirigirse a su demandante, Dorjé Dragden es solicitado, finalmente, para que responda a las preguntas de personas que están en la asamblea. No necesariamente responde, del mismo modo que puede también, por propia iniciativa, decir algunas palabras a una persona que no ha preguntado nada. Las preguntas son muy diversas, así, por ejemplo, se puede pedir la confirmación de que este o aquel sea la reencarnación de alguien.

Entre los ejemplos de una petición así, durante un trance, un religioso de Sikkim preguntó si el decimosexto Karmapa, el jefe del prestigioso linaje Karma-kagyü, se había reencarnado en Orgyen Trinlé Dorjé, el joven *tulku* que huyó del Tíbet los últimos días de 1999. La respuesta de Dorjé Dragden fue positiva. Desde entonces, el Karmapa vive en el monasterio de Gyuto, junto a Dharamsala. Todo lo que dice el *kuten* en trance se apunta cuidadosamente, a veces se comenta para evitar los errores de interpretación, y se archiva.

Después de casi cincuenta años de exilio, Nechung se ha convertido en un monasterio muy dinámico. El monasterio tibetano, muy dañado por la Revolución Cultural, ha tenido muchas más dificultades. Ha costado mucho restablecer las transmisiones espirituales, y la ausencia del *kuten* y de Nechung Rinpoché no ha hecho las cosas fáciles. Actualmente, la situación es ligeramente mejor por la quincena de monjes que residen allí, pero sería muy exagerado decir que el monasterio ha recobrado el dinamismo que antes tenía.

ACTIVIDADES ARTÍSTICAS

Al convertirme en *kuten*, mi vida cambió, es cierto, pero yo no. Yo he continuado interesándome por las artes, y las cualidades artísticas que se me reconocían han hecho que con bastante frecuencia, me llamen para supervisar tal o cual trabajo, o para hacer alguna decoración. Así, por ejemplo, he supervisado el acondicionamiento artístico del camino llamado el Lingkor, el camino que permite hacer la circunvalación de la residencia del Dalai Lama, y siempre vigilo lo que en él se realiza.

El premio Nobel de la paz

El premio Nobel de la paz, concedido a su Santidad en 1989, nos dió una esperanza formidable a todos nosotros, los exiliados. Quizá la atención del mundo se dirigiría por fin hacia el País de las Nieves, cuyos habitantes tanto sufrían. Hoy sabemos que ese premio no ha cambiado la suerte de los tibetanos, aunque la causa tibetana se haya conocido mejor en todo el mundo.

En agradecimiento a su acción, los tibetanos en el exilio y el Gobierno han querido ofrecer al Dalai Lama un objeto que fuese, de alguna manera, el símbolo de esta incansable actividad desplegada para intentar hallar una solución al drama tibetano. Se organizó una especie de concurso y Kalsang Yeshi, que entonces dirigía el Consejo de ministros, me pidió presentarme. Participaron sesenta artistas, se seleccionaron dieciséis proyectos y, finalmente, ganó el mío.

La intención era que este objeto fuera totalmente simbólico al tiempo que ofrecía un valor estético. Está todo realizado en oro y plata. Consiste en una paloma posada encima de un globo terrestre, y tiene la imagen del Dalai Lama, que aporta la paz por su conducta magnánima y llena de compasión. Dos ramas de árbol, símbolo de la panacea, cruzan de una parte a otra el globo en señal de victoria sobre los cinco venenos –la ignorancia, el deseo y el apego, la cólera y la aversión, la envida y el orgullo– que constituyen otros tantos obstáculos en el camino hacia la armonía. En la cima, una piedra como un loto blanco representa a Chenrézi, del cual es emanación Su Santidad, y que a corto o a largo plazo aporta socorro y favores a todos los seres. Finalmente, los rayos del sol manifiestan la luz que disipa las tinieblas de la ignorancia y guía a todos hacia la liberación del sufrimiento.

Dioses protectores

También fui solicitado para realizar un trabajo de gran alcance cuando, en 1992, Su Santidad pidió que hiciera, para proteger el Tíbet, una estatua de Trowo Khamsum Namgyal, el «terrible vencedor absoluto de los tres mundos», una forma de Hayagriva, un Chenrézi furioso. La elección del lugar recayó sobre un pequeño templo que se había erigido encima del palacio del Dalai Lama, en Lhagyal Ri, por el Congreso Tibetano de la Juventud para abrigar dos representaciones de Palden Lhamo, la protectora del Tíbet y de Dorjé Dragden, el protector de los Dalai Lamas y del Gobierno.

Eso requirió importantes trabajos y un presupuesto muy importante pero, al final, logramos hacer tres estatuas: una de Hayagriva en el centro, y una estatua de Palden Lhamo y de Dorjé Dragden a cada lado; a esta trinidad de protectores se añadía una estatua de Chenrézi que se colocaba en una plataforma situada encima. Las donaciones permitieron hacer dos grandes molinos de oración, uno en cada parte del templo, el primero dedicado a la larga vida de Su Santidad, y el segundo depositario de dos decenas de millones de oraciones de Chenrézi dedicadas a todos los tibetanos muertos por la represión china.

Los trabajos, muy difíciles, han evolucionado de tal manera que hemos podido construir, bajo el templo, una enorme cisterna que permite abastecer de agua un centro de retiro situado cerca de allí. El Congreso Tibetano de la Juventud hizo construir otro molino de oración en homenaje a Pawo Thubten Ngodup, un tibetano de sesenta años que se inmoló en 1998 en Delhi para que el mundo tomase conciencia del drama vivido en el Tíbet.

Un stupa para el Gobierno

Uno de nuestros proyectos era también construir un *stupa* en
Gangcheng Kyishong, dedicado a los servicios gubernamentales que hay instalados allí. Debía construirse según un texto canónico extraído del *Kangyur*, la recopilación de enseñanzas dadas por el Buddha. Existen ocho formas de *stupa*;
el que debíamos erigir era el *stupa* de «la victoria sobre Mara,
el demonio». Firmemente anclado en el suelo, tiene el poder
de aniquilar las fuerzas negativas subterráneas.

Antes de la construcción, se reunieron en el lugar dos grupos para rezar con el fin de eliminar todas las interferencias:
por una parte, Khamtrul Rinpoché dirigía el ritual hecho por
los monjes de Nechung; por otra parte, los monjes de los dos
grandes colegios tántricos gelugs –Gyuto y Gyumé- realizaban otro ritual. Terminados esos rituales, construimos los
fundamentos, los círculos, que representaron el Monte Meru,
que es el símbolo del eje del universo. Esta base se llenó de
diversos objetos tradicionales, luego se pudo edificar el *stupa*. Este tenía que contener varios objetos sagrados, empe-
zando por el *mandala* de las divinidades de los «trece *mantras*» y una estatua de un Buddha con un *vajra* en la mano
derecha y un bol en la mano izquierda. Ese bol tenía que contener un círculo protector y una representación de lo que debía ser protegido.

El Gabinete ministerial propuso que se colocara una pequeña estatua de Su Santidad, y Kungo Tara, el antiguo secretario privado de Su Santidad, sugirió que en lugar de la
estatua hiciéramos una *tsa-tsa*, una pequeña representación
plana en el suelo. Había que tomar una decisión. Ahora bien,
después de un trance, el Dalai Lama me llamó para comentar
algunas cosas conmigo algunos instantes, como a veces hace.
Me preguntó cómo iban los trabajos; yo le informé de la si-

tuación y de las propuestas de Kashag y de Kungo Tara. Él me respondió que no era a su persona a quien había que proteger, sino al Tíbet, y propuso poner la insignia del Gobierno tibetano en el bol. Todo parecía desarrollarse bien. Sin embargo, a pesar de todas mis búsquedas, no llegaba a encontrar un *mandala* de «trece *mantras*». Khamtrul Rinpoché tuvo entonces la idea de leer el texto del ritual y que al mismo tiempo que se leía la descripción del *mandala*, un artista hiciera su diseño. Esta solución no era muy práctica y estaba el riesgo de cometer errores.

Entonces me acordé de Apo Rinpoché,[5] quien debía tener lo que buscábamos. Khandro Trinley Chöndrön, su hija, pasó por Dharamsala justamente en el momento en que nos debatíamos con el problema del *mandala*. Así que fui a verla inmediatamente para exponerle nuestras dificultades. Ella me confirmó que había visto muchos *mandalas* en casa de su padre, pero era incapaz de decirme nada más. Siguiendo sus consejos, fui a Manali, a casa de Apo Rinpoché en compañía de uno de mis amigos, Chokyab Rinpoché. Contacté con Imi Drubten, el antiguo ayudante de Apo Rinpoché, y juntos nos pusimos a buscar por todas partes en los archivos del maestro fallecido. Desgraciadamente, nuestra búsqueda fue en vano. Al día siguiente, Imi Drubten vino a vernos, muy excitado: acababa de acordarse de una caja en la que Apo Rinpoché colocaba sus textos de meditación. En el fondo de la caja, encontramos, por fin, lo que buscábamos: el *mandala* representado en un papel, impreso mediante xilografía, pero muy estropeado, porque había quedado plegado durante quizá, treinta o cuarenta años. Así pues, volví con mi tesoro a Dharamsala. Tuve que volver a dibujarlo totalmente y con cuidado de añadir los nombres de las personas

5.   Véase página 198.

que Su Santidad quería que figurasen allí. Lo menos que podíamos hacer era mostrar agradecimiento a la familia de Apo
Rinpoché. Puse el *mandala* original protegido por un cristal
y mandé hacer miles de ejemplares de la copia luego ofreci-
mos todo eso.

Recién se había arreglado ese problema, cuando apareció
otra dificultad. Para hacer el *mandala* en el *stupa*, era necesario que los monjes hubiesen recibido todas las transmisiones
espirituales vinculadas a los «trece *mantras*», y que hubiesen
realizado un retiro de ese aspecto del Buddha, lo que no era
el caso. De modo que Khamtrul Rinpoché hizo esa transmisión, era el único que la tenía, y los monjes hicieron un retiro. Pero Khamtrul Rinpoché tuvo que irse a Sikkim y cuando volvió, los monjes comenzaban otro retiro de tres meses.
Esto parecía insoluble, el *stupa* se hacía, pero no podía ser
consagrado.

Para colmo de la mala suerte, en ese momento caí gravemente enfermo. Estaba en un retiro de Hayagriva, en la
residencia del Dalai Lama con otros oráculos, el de Lhamo
Tsangpa y el de Tséringma. Yo apenas podía respirar de tanto
que tosía, hasta el punto de que tuve que abandonar el retiro,
lo cual era un mal augurio.

Entonces soñé con Ling Rinpoché. Me encontraba en el
palacio para una sesión de oraciones y aproveché una pequeña pausa para ir a la habitación donde se conserva su *kudung*, su cuerpo momificado, conservado por la bendición
que supone. Generalmente, el *kudung*, colocado en una vi-
trina, está situado de cara al sur, pero en mi sueño, se encontraba de cara al oeste, es decir de cara a la residencia de Su
Santidad. Me incliné ante quien había sido tan importante
para mí, cuando, de repente, escuché unos golpes en el cristal. Inmediatamente alcé la mirada y lo vi reír a mandíbula
batiente mientras hacía un gesto para que me acercara. Eché

una ojeada alrededor: estaba completamente solo, ni siquiera un guardián… Contento, lo vi exactamente como si estuviera vivo.

–Hace mucho calor –me dijo–, quítame estos vestidos.

Yo se los quité y descubrí una manta blanca. Obviamente, en la realidad no hay ninguna manta.

–Ahora me encuentro mucho mejor, gracias –dijo poniéndose cómodo–. ¿Cómo te va a ti? ¿Qué haces ahora?

–En este momento, participo en el retiro de Hayagriva –respondí–.

–Está bien, pero ¿no tienes nada especial que decirme?

En lugar de responder a su pregunta, le pedí que me concediera su bendición y rezase por la longevidad de Su Santidad. Le pedí también que diera su bendición para que el retiro tuviera un final feliz y para que cesaran las pruebas que estaban atravesando los tibetanos.

–Desde luego, lo haré, pero ¿estás seguro de que realmente no tienes nada que decirme? –insistió Ling Rinpoché.

Entonces me acordé de que estaba enfermo. Le hablé de ese resfriado que me hacía toser desde hacía días y le pregunté si veía un peligro para mi vida.

–¡Eso es! ¡Estás enfermo, eso es importante!

Y Ling Rinpoché me dio consejos de oraciones y de meditaciones que debía hacer para vencer ese obstáculo. Al despertar, tuve mucho cuidado en apuntar lo que había escuchado, pero, como estaba en un retiro, no me era posible dirigir esos rituales personalmente, así que pedí a algunos monasterios, a Simla, por ejemplo, que hiciera esas oraciones por mí. Mi estado mejoró inmediatamente.

Al día siguiente, Lhamo Tsangpa entró en trance durante un ritual en el palacio, declaró que yo estaba enfermo debido a los retrasos habidos en la construcción del *stupa*, y añadió que mi vida corría un grave peligro. Pidió a todos que me ayudaran para que esos trabajos terminaran rápidamente. Estaba en mi casa, descansando, cuando el oráculo de Tséringma vino a visitarme. Ella entró en trance para declarar que la lentitud de los trabajos había creado grandes obstáculos en mi vida y añadió que el retiro era, desde luego, importante, pero que el *stupa* lo era más. Si la consagración del *stupa* no tenía lugar en cuestión de siete días, anunció ella, mi vida estaría verdaderamente en peligro.

Los avisos de los oráculos fueron escuchados. Khamtrul Rinpoché llamó a veintiún monjes y comenzó las oraciones de consagración. Durante siete días y siete noches, sin interrupción, los monjes permanecieron cerca del *stupa* para realizar allí los rituales y, el último día, unidos por los oráculos y los monjes que habían terminado el retiro, se realizó el ritual final de la consagración. El *stupa* se había terminado, los oráculos entraron en trance, y yo estaba totalmente curado.

UN SUEÑO QUE SE HACE REALIDAD:
DÉYANG DRATSANG

A pesar de las inmensas dificultades, Nechung ha conseguido conservar casi intacto su dinamismo y sus especificidades. En ese sentido, nuestro monasterio se ha beneficiado de condiciones muy buenas. Ese no ha sido el caso de otros muchos monasterios, algunos de los cuales han desaparecido en el Tíbet y no han tenido la buena suerte de renacer en el exilio.

Antiguamente, Drépung era una verdadera ciudad, con mucho el mayor monasterio del mundo, que pudo acoger hasta siete mil monjes procedentes de todas las regiones del Tíbet. Se repartían en colegios y luego, en barrios definidos según el origen geográfico de los monjes. Hubo hasta siete colegios; pero, en el momento del exilio, de los cuatro res-

tantes (Ngagpa, Losel Ling, Tashi Gomang y Déyang) solo
Losel Ling y Gomang pudieron mantenerse. El colegio de
Déyang, con el cual Néchung tenía un vínculo especialmente fuerte, no fue reconstruido y los religiosos exiliados ignoraban incluso hasta la existencia de supervivientes entre sus
monjes.

Lanzamiento de una idea loca

A mí me parecía que esta situación tenía que mejorar.
Entonces, me acordé de mi amigo el monje coreano, Ji-nuk
Sunim. Influenciado por su acción caritativa, yo había conce-
bido ya proyectos, pero se me metió en la cabeza que era posible reconstruir el colegio Déyang. Durante una estancia de
Ji-nuk Sunim en Dharamsala, le hablé de esta insensata idea:
quería volver a dar vida a un colegio monástico tan importante. Le hablé de Drépung, de Déyang, de su especificidad,
que había sido preservar la integralidad de las enseñanzas
del quinto Dalai Lama. Como Drépung había sido restable-
cido en el sur de la India, parecía lógico y útil, le explicaba
yo, hacer lo mismo con el colegio Dréyang. Él se entusiasmó
con mi idea, tanto más, me dijo, cuanto que nunca había par-
ticipado en la construcción de un monasterio. Así que estaría
contento de supervisar los trabajos.

Naturalmente, se lo hice saber a Su Santidad; encantado,
me aconsejó que me dedicara plenamente a ello. Estábamos
en el año 2.000. Su Santidad hizo un viaje al sur de la India
del sur para impartir algunas enseñanzas y para consagrar el
nuevo colegio Gomang de Drépung y, en mi calidad de *kuten*,
yo formaba parte de los religiosos invitados. De modo que le
pregunté a mi amigo coreano si podía unirse a nosotros para
que viese por sí mismo de qué se trataba. En ese momento,

solo tres conocíamos el proyecto. Yo sabía que tendría que contactar con los dos colegios de Drépung para pedirles un terreno, pero prefería esperar la llegada de Ji-nuk Sunim. En realidad, apenas tuve tiempo para hacer lo que había previsto. El día de la llegada de Su Santidad a Gomang, él –sin razón aparente– había pedido la presencia de los principales abades y administradores para llevar a cabo juntos una oración a la protectora Palden Lhamo. Durante el descanso del té, para enorme extrañeza mía, pues no había todavía nada seguro, anunció a la pequeña asamblea que tenía una noticia excelente: yo iba a reconstruir Déyang.

El abad supremo de Losel Ling me entregó entonces una bufanda de ceremonia y me felicitó. Yo estaba muy molesto, pues, normalmente, si se hubiera seguido el protocolo, yo habría tenido que comentárselo a él antes que a nadie, teniendo en cuenta los vínculos antes existentes entre Losel Ling y Déyang. Poco después, le tocó al abad supremo de Drépung venir a entregarme una bufanda, y me aseguró que, al menor problema, él estaría allí para encontrar una solución. Un paseo por el terreno, con los abades de los dos colegios, permitió decidir el lugar: en opinión de todos, una parcela de un poco más de 4.cuatro mil metros cuadrados que pertenecía a Losel Ling era el marco ideal para hacer renacer el antiguo colegio.

Un equipo restringido

Después de un comienzo tan rápido y prometedor, tuvimos algunas dificultades. En primer lugar, había que censar a los antiguos monjes de Déyang; ahora bien, ninguno de los abades lo sabía, excepto quizás uno solo, que vivía en Losel Ling y a quien se conocía con el nombre de Déyang Kalsang

Tséring. Tras informarme, supe que, efectivamente, venía de Déyang y que había huido del Tíbet en 1959. Aunque buscamos mejor por toda la India, no pudimos hallar más que a un puñado. Entre ellos estaba Ngawang Wangdü, que había llegado del Tíbet hacia 1985. Como no había colegio Déyang en la India, se había integrado en Losel Ling. La tuberculosis causa estragos en los exiliados tibetanos, y Ngawang Wangdü la contrajo poco después de su llegada. No tuvo más remedio que ir a Dharamsala para curarse allí. Pronto se dieron cuenta de su brillante inteligencia y pasó a formar parte del Instituto Norbulingka como enseñante.

Yo lo encontré en el momento en que nuestro proyecto cobraba forma. Él estaba viajando por el sur de la India y pudimos organizar una reunión para ver cómo concretar ese sueño. Si exceptuamos a mi amigo coreano, no éramos más que cuatro, de los cuales solo tres estábamos vinculados a Néyang; esto permite hacerse una idea del trabajo que se nos presentaba. Chokyal Rinpoché tenía que supervisar los trabajos; Ngawang Wangdü se comprometía a encargarse de la formación de los monjes cuando terminase su formación de *gueshé* y los trabajos que tenía entre manos. Hay que saber que para ser completa, esta formación de *guéshé* es muy larga, a pesar de que ha sido reformada en un intento de simplificarla –en el Tíbet, los estudios podían durar más de veinte años–. En el 2002, Ngawang Wangdü terminó la preparación de sus últimos exámenes para obtener el grado de *guéshé lharampa*, el más elevado y, desde luego, el más difícil de obtener. Se presentaron unos cinco mil estudiantes y nuestro erudito amigo mostró, si es que esto hacía falta, que su dominio de las enseñanzas del Buddha era perfecto: se lo declaró el primero entre todos los que se presentaron al grado de *lharampa*. Era un augurio muy bueno.

Las primeras piedras

Durante ese tiempo, los trabajos habían avanzado gracias a una importante financiación de Ji-nuk Sunim. Sobre todo, habíamos querido construir los edificios de manera realista. Teníamos el ejemplo de Losel Ling y de Gomang, cuyas salas de oraciones habían tenido que rehacerse varias veces para acoger a un número creciente de monjes. De entrada, optamos por una sala de oración de un tamaño razonable para un colegio de esta reputación, superior a la de Néchung, es decir que pudiera acoger a una centena de monjes. Ciertamente era ambicioso, ya que partíamos de cero, pero teníamos la certeza de que nuestro nuevo colegio monástico conocería un cierto éxito. A la espera de esos días fastos, teníamos ya veinte habitaciones para los monjes. La financiación de mi amigo cubría una gran parte de los gastos, pero pronto tuvimos que pedir prestado a Losel Ling. A pesar de las preocupaciones de Chokyal Rinpoché, yo insistía, convencido de que era capaz de vencer ese obstáculo. ¿Cómo? No tenía ni idea.

Una intervención bienvenida

Entonces, las cosas de desbloquearon, sin duda gracias a la bendición de los Buddhas. Un amigo chino que vivía en Singapur vino en mi ayuda, o más bien digamos que gracias a él apareció la solución. Él era arquitecto y, desde que se había cambiado de casa, no tuvo más que disgustos. Su empresa, ayer floreciente, estaba perdiendo empuje, hasta el punto de que estaba en peligro. Le pregunté algunos detalles sobre su nueva situación, su nueva casa, su vida, etc. Incidentalmente, supe que había hecho derribar un gran árbol para poner los cimientos de su nueva casa.

Los chinos comparten con los tibetanos la creencia en los espíritus naturales y las divinidades locales, y opinaba que, al cortar el árbol, había enfadado a un dios del lugar, un *sadag*. En el lugar, hicimos diez días de oraciones para eliminar este obstáculo y restablecer la armonía en su vida. Poco a poco, sus problemas desaparecieron, hasta el punto de que declaró que no sabía cómo agradecerlo. Entonces tuve la idea de hablarle de las dificultades que teníamos con los trabajos de Déyang. ¡Su generosidad fue tal que volví a Delhi con más dinero del que debíamos a nuestros acreedores de Losel Ling!

Al año siguiente me invitó otra vez a Singapur con algunos monjes. Decidimos realizar un ritual para él, denominado *yangdrup*, cuyo objeto es resaltar el potencial positivo de la existencia. Poco después, al volver a Nechung, me comunicó que su empresa participaba en un concurso público que había salido para la realización de una obra de envergadura. Nos pidió claramente que orásemos para que el resultado le fuera favorable: algunos días después, de las quince empresas seleccionadas, no quedaban más que cinco, entre ellas la suya. Me recordó y me anunció sencillamente: «¡Si usted quiere su monasterio, tiene que rezar para que yo obtenga este contrato!». Por lo menos, su petición era directa. Yo me dirigí a Dorjé Dragden y le hice saber saber esta situación. No se trata, mediante la oración, de forzar el curso de las cosas; estas no llegan más que si el potencial para que lleguen está presente. Lo cierto es que nuestro amigo obtuvo ese contrato y me anunció que iba a ocuparse de nuestro problema de construcción.

Mi asombro no había terminado. Dos o tres semanas más tarde, nuestro generoso benefactor llegaba a Dharamsala con su familia. A nuestro entender, esto era inútil, pues teníamos una confianza total, pero él consideraba que era importante demostrarnos la solidez de su compromiso.

–¡Nadie es inmortal, me dijo; y no quiero que los trabajos se detengan si a mí me pasa algo!

Y pidió a los miembros de su familia que se comprometieran ante mí a mantener la promesa de apoyo que él nos había hecho. Todos aceptaron, solemnemente, sin la menor duda. Poco después, comentamos la cuestión de las estatuas. Mi proyecto era modesto, pero me parecía justo que hubiera siete verdaderamente representativas de Déyang: el Buddha, naturalmente; Padmasambhava, quien introdujo la enseñanza en el Tíbet; Jé Tsongkhapa, el fundador del linaje Gelug al que pertenece Déyang, y el quinto Dalai Lama, cuyas enseñanzas eran tan importantes en ese colegio; Chogpo Jangchub Palden, el antiguo abad de Déyang; finalmente, Tara y Chenrési, dos aspectos de la compasión personificada. Contra toda expectativa, mi amigo de Singapur me anunció que de las siete estatuas, de seis se haría cargo la familia, cada miembro de una de ellas, y de la séptima se encargaría uno de sus amigos de Singapur. Yo no podía creer tanta generosidad y tanta eficacia.

Un monasterio es también una cocina

Un monasterio es un templo, salas de oración, salas de estudio y celdas para los monjes. Pero también una cocina y un refectorio. Hace poco tiempo, Suria, una americana, estableció contacto conmigo para preguntarme si necesitaba ayuda, porque había oído hablar del renacimiento de Déyang y deseaba contribuir de una manera u otra a este ambicioso proyecto. Yo se lo agradecí, y le expliqué que ya nuestros amigos coreanos y chinos de Singapur habían hecho mucho por toda la parte religiosa, el templo, las habitaciones, etc. En esa situación, declaró ella, le gustaría encargarse de la cocina y el refectorio. De todos modos, me pidió que le mandara un proyecto escrito, para juzgar por ella misma lo bien fundado de nuestras necesidades.

Ella ponía de manifiesto una de las diferencias entre los asiáticos y los occidentales. Para los primeros, si un religioso expresa una necesidad, es que se halla, naturalmente, justificada y se intenta satisfacerla sin más preguntas; para los segundos, hace falta que la necesidad sea justificada por el religioso para que este sea escuchado. Hay que decir, no obstante, que ella reaccionó de una manera muy fina y lógica cuando vio nuestro proyecto de cocina... Se preocupó por saber si incluía las mesas, las sillas, los utensilios, es decir, todo lo que los monjes necesitan para cocinar y para comer. Nosotros nos habíamos contentado con mencionar los edificios, el material básico. Ella hizo una donación que permitió pagar todo, desde los muros hasta las cucharas. E incluso nos sobró un poco.

Se dice en los textos sagrados que, excepto grandes obstáculos debidos al *karma*, si se está en una vía espiritual y se actúa de manera justa, las dificultades se desvanecen o disminuyen por sí mismas. Yo creo que lo que se produjo con este proyecto es una ilustración de ello. Como en el caso de Nechung, nosotros no pedimos nada, pero somos sinceros en cuanto a nuestra situación. Así pues, es verosímil que los donantes aparezcan y los obstáculos desaparezcan porque nuestra postura es justa.

EL FUTURO DE NUESTRO MUNDO

Aunque estoy muy ocupado, afortunadamente puedo reservarme momentos de distensión entre mis numerosas actividades de abad o de *kuten*. Me interesan mucho las plantas y, cuando me es posible, me traigo de mis viajes. También aprecio mucho a los animales; mirar a mis perros constituye un verdadero placer. Puede que este amor a las plantas y los animales se haya reforzado por lo que viví cuando era niño.

Uno de nuestros retos más importantes hoy en día es el futuro de la humanidad. Somos más de seis mil millones de seres humanos, pero no tenemos ni idea del número de seres vivos que hay en nuestro planeta. Nuestro modo de pensar es tal que no damos importancia más que a nosotros mismos. Cuando un solo ser humano es agredido o asesinado, la emoción es viva y existen recursos para indemnizarlo, para condenar a su agresor. Esto no sucede con los animales; cuando se mata a diez mil de ellos, nadie o casi nadie se preocupa. Por poner un ejemplo que conozco bien, muchos hombres, mujeres y niños han sido torturados o asesinados por los chinos en el Tíbet, pero de los animales que he visto sufrir y morir, generalmente nadie habla. Tenemos la costumbre de no preocuparnos más que de nosotros, sin embargo, no somos disociables de lo que nos rodea.

Según las enseñanzas del Buddha, ser humano debe invitarnos a reflexionar sobre el carácter precioso de este nacimiento. Existen muchas imágenes que dan una idea, aunque sea vaga, de esta rareza. Así, la proporción de seres humanos en relación al número de animales es ridículamente pequeña, insignificante. De modo que tenemos más posibilidades de reencarnar en el mundo animal que en el mundo humano. Y la proporción sigue siendo más o menos la misma cada vez que cambiamos de mundo; sabemos que para nosotros existen seis mundos: los infiernos, el mundo de los espíritus ávidos, el mundo animal, el mundo humano, el de los dioses celosos y, finalmente, el de los dioses. Si existen cientos de miles de millones de animales de todos los tamaños, incluso más, desde luego, existen cientos de cientos de miles de millones de espíritus ávidos, y así sucesivamente. Además, nacer en el mundo humano no lo es todo, pues, como sabemos, uno de cada seis seres humanos no tiene el mínimo de comida; las guerras, las calamidades naturales, las epidemias, y todo lo demás hacen que pocos seres humanos se beneficien de todas las condiciones que permiten tener una vida material e interior agradable. Considerando este carácter raro y precioso de nuestra existencia, somos responsables de no desperdiciarla y no dañar a todos los que nos rodean. Nuestro entorno, en un sentido amplio, es una parte esencial de nuestra vida. Si de una manera u otra, contribuimos a su destrucción, entonces tener una vida humana que se beneficie de todos los factores positivos, interiores y exteriores, será todavía más raro para las generaciones futuras.

El mal estado actual del planeta, la polución, la destrucción a gran escala de la fauna y la flora, todo esto procede, no de causas naturales, sino de la avidez, del orgullo, del egoísmo del ser humano, de su deseo de tener siempre más sin que, en el fondo, eso le sea útil. Todos los seres tienen el potencial del despertar espiritual, pero hace falta que se reúnan las condiciones para que pueda madurar; los seres humanos que, de una manera u otra, dañan el entorno, reducen la posibilidad de una felicidad duradera para miles de millones de seres. El ser humano no es muy fuerte físicamente, muchos animales lo superan en poder. Pero tiene un poder extremadamente grande, ya que, a través de su intelecto, puede dominar su entorno, y si su motivación no se dirige hacia el bien de los demás, el resultado puede ser catastrófico. Forma parte de un conjunto; si esta dominación pasa por la negación de los otros, entonces él mismo sufrirá por ello, y las condiciones óptimas de su despertar espiritual se reducirán proporcionalmente.

Esta es la historia de mi vida. Ser *kuten* constituye una responsabilidad muy grande, pero no me enorgullezco de ello, con mayor razón cuanto que no he buscado este honor. Estoy junto a grandes maestros, como Su Santidad el Dalai Lama, soy afortunado por tener amigos que apoyan mis proyectos, vivo simplemente, pues no soy más que un monje ordinario cuyo *karma*, el efecto de mis actos pasados, es servir a los demás desempeñando este papel tan particular que es ser el soporte de uno de los dioses protectores de mi país, el Tíbet.

AGRADECIMIENTOS

Me ha resultado muy satisfactorio reagrupar los elementos necesarios para la escritura de esta biografía que puede ser una fuente de información sobre los orígenes de Nechung, el principal protector del Dharma y del Gobierno tibetano. Espero que sea útil para los lectores. Para los que tengan ganas de saber más, espero y creo que este retrato aportará una comprensión más clara de los protectores del Dharma en general y, más especialmente, del gran rey del Dharma, Nechung.

He apreciado profundamente la diligencia del equipo que tomó la responsabilidad de llevar a cabo este trabajo, no con una curiosidad superficial, sino haciendo una investigación meticulosa. No solo han escrito esta biografía sobre el médium, sino que también han realizado un documento accesible al gran público, basado en archivos e imágenes auténticas. Mis agradecimientos a Michel Gardel, a Françoise Bottereau-Gardey, al antiguo representante de Su Santidad en Francia, señor Dawa Thondup, así como a Laurent Deshayes.

Agradezco también calurosamente a todos los que han aportado sus testimonios a esta obra, así como a Kalon Tempa Tsering, Thubten Samphel, secretario del Departamento de Información, y a Lhakdor, director de la Biblioteca de Obras y Archivos Tibetanos.

Agradecimientos de Françoise Bottereau-Gardey

Esta obra no habría visto la luz sin la muy alta benevolencia y la total aprobación del *kuten*,

La comprensión y la ayuda sin falta de Dawa Thondup,

La bondad y la compasión de Jétsun Péma y Tempa Tsering,

La cultura y el talento de Laurent Deshayes,

La paciencia angélica y los ánimos de Alain Noël,

El apoyo y el amor de mi marido, la contribución de Melissa, el entusiasmo de Stéphanie, de Aymeric, de Louis Jean, de mi familia y de mis amigos sardos.

Sin olvidar la excelencia del profesor Christian Jacquot, gracias al cual estoy viva.

editorial Kairós

Numancia, 117-121 • 08029 Barcelona • España
tel. 93 4949490 • e-mail: info@editorialkairos.com

Puede recibir información sobre nuestros libros
y colecciones o hacer comentarios acerca
de nuestras temáticas en:

www.editorialkairos.com